はじめての日本語能力試験

N3

Practice Test for Passing the JLPT
JLPT全真模拟试题 合格直通
Đề luyện thi năng lực tiếng Nhật
Cùng bạn chinh phục thử thách JLPT

アスク編集部 編著

合格模試

3回分

ask

　試験を受けるとき、過去に出された問題を解いて、どのような問題が出るのか、それに対して現在の自分の実力はどうか、確認することは一般的な勉強法でしょう。しかし、日本語能力試験は過去の問題が公開されていません。そこで私たちは、外国籍を持つスタッフが受験するなどして日本語能力試験を研究し、このシリーズをつくりました。はじめて日本語能力試験N3を受ける人も、本書で問題形式ごとのポイントを知り、同じ形式の問題を3回分解くことで、万全の態勢で本番に臨むことができるはずです。本書『合格模試』を手にとってくださったみなさんが、日本語能力試験N3に合格し、さらに上の目標を目指していかれることを願っています。

編集部一同

Introduction:
When taking a test, one general method of study is to solve questions that have appeared in past tests to see what kind of questions will be on the test as well as to see what your current ability is. However, past questions of the Japanese Language Proficiency Test are not made public. Therefore, we created this series after researching the Japanese Language Proficiency Test by doing things like having foreign members of our staff take the test. Even those who take the Japanese Language Proficiency Test N3 for the first time should be able to use this book to learn the points of each type of question and practice answering that same type of question in order to fully prepare yourself for talking the real test. We hope that all of our readers who have purchased *Gokaku Moshi* will pass the Japanese Language Proficiency Test Level N3 and aspire for higher goals.

The Editorial Department

前言：
　解答历年真题，确认试题中出现的题型并检查自身实力，是广大考生备考时普遍使用的学习方法。然而，日语能力考试的试题并未公开。基于以上现状，我们通过让外国籍员工实际参加考试等方法，对日语能力考试进行深入研究，并制作了本系列书籍。第一次参加N3考试的人，也能通过本书熟知各个大题的出题要点。解答三次与正式考试相同形式的试题，以万全的态势挑战考试吧。衷心祝愿购买本书《合格直通》的各位能在N3考试中旗开得胜，并追求更高的目标。

编辑部全体成员

Lời nói đầu:
Khi dự thi, việc giải những đề thi trong quá khứ, xem những đề thi đã ra như thế nào, và thực lực của bản thân mình hiện nay đối với những đề thi như vậy như thế nào, là cách học phổ biến. Tuy nhiên, kì thi năng lực tiếng Nhật lại không công khai các đề thi trong quá khứ. Vì vậy, chúng tôi phải cử những biên tập viên có quốc tịch nước ngoài tham dự kì thi và nghiên cứu về các đề thi năng lực tiếng Nhật. Trên cơ sở đó, chúng tôi đã biên soạn ra loạt sách này. Thông qua việc biết được những điểm quan trọng trong mỗi hình thức câu hỏi thi, và việc giải 3 đề thi trong cuốn sách này, thì ngay cả những người lần đầu tiên tham gia kì thi N3 đi nữa, chắc chắn có thể hướng tới kỳ thi chính thức với một tư thế hoàn hảo. Chúng tôi hy vọng những bạn đã lựa chọn cuốn 『合格模試』 này sẽ thi đỗ trong kì thi năng lực tiếng Nhật N3 và hơn thế nữa, còn hướng đến những mục tiêu cao hơn.

Ban biên tập

もくじ
Contents ／目录／ Mục lục

この本の使い方

構成

模擬試験が3回分ついています。時間を計って集中して取り組んでください。終了後は採点して、わからなかったところ、間違えたところはそのままにせず、解説までしっかり読んでください。

対策 日本語能力試験にはどのような問題が出るか、どうやって勉強すればいいのか確認する。

解答・解説 正誤を判定するだけでなく、どうして間違えたのか確認すること。

 正答以外の選択肢についての解説。

□・えょう 問題文に出てきた語彙・表現や、関連する語彙・表現。

問題（別冊） とりはずし、最終ページにある解答用紙を切り離して使う。解答用紙はサイトからダウンロードもできる。

スケジュール

JLPTの勉強開始時：第1回の問題を解いて、試験の形式と自分の実力を知る。

↓

苦手分野をトレーニング
- **文字・語彙・文法**：模試の解説で取り上げられている語・表現をノートに書き写しておぼえる。
- **読解**：毎日1つ日本語のまとまった文章を読む。
- **聴解**：模試の問題をスクリプトを見ながら聞く。

↓

第2回、第3回の問題を解いて、日本語力が伸びているか確認する。

↓

試験直前：もう一度同じ模試を解いて最終確認。

音声はwebでダウンロードができます。詳細は下記をご覧ください。

➜ https://www.ask-books.com/support/

シリアルコード：93148

解答を入力するだけで採点ができるExcelシートを下記サイトに用意しました。
➜ https://www.ask-books.com/jp/goukaku/

How to use This Book

Structure

This book includes three practice tests. Please focus hard and time yourself when taking them. After you have finished, calculate your score, and once you have found what you got wrong or did not know, go back and carefully read the explanations.

Test Preparations — See what kinds of questions will appear on the JLPT and learn how best to study for them.

Answers· Explanations — Go beyond seeing the right or wrong answers; learn why you got the question wrong.

 Explanations for choices other than just the right answer

□ · 覚えよう (Let's Learn) Vocabulary and expressions found in the test questions as well as other related vocabulary and expressions

Questions (Supplementary Book) — Remove and use the answer sheets on the last pages. The answer sheets can also be downloaded from our Website.

Schedule

When starting to study for the JLPT: Answer the questions on Test 1 to familiarize yourself with the format of the actual test and see how well you can do.

⬇

Training for areas that you have trouble with
· **Characters, vocabulary and grammar:** Learn the vocabulary and expressions shown in the practice test explanations by copying them down in your notes.
· **Reading comprehension:** Read one complete Japanese passage per day.
· **Listening comprehension:** Listen to practice test questions while reading along with their scripts.

⬇

Answer the questions for Test 2 and Test 3 to see if your skills in Japanese are improving.

⬇

Right before the test: Take the same practice tests again to check one last time.

The audio files for this book can be download from our Website. Go to the link below for further details.

➡ **https://www.ask-books.com/support/**
Serial code: 93148

Automatically score your tests just by entering your answers onto the Excel sheet available for download at the following link.

➡ **https://www.ask-books.com/jp/goukaku/**

本书的使用方法

构成

本书附带三次模拟试题。请计时并集中精力进行解答。解答结束后自行评分，对于不理解的地方和错题不要将错就错，请认真阅读解说部分。

考试对策 确认日语能力考试中出现的题型，并确认与之相应的学习方法。

解答·解说 不仅要判断正误，更要弄明白自己解答错误的原因。

 对正确答案以外的选项进行解说。

□· (必背单词) 问题中出现的词汇、表达，以及与之相关的词汇、表达。

试题（附册） 使用时可以单独取出。答题卡可以用剪刀等剪下，也可以通过官网下载。

备考计划表

备考开始时：解答第 1 回试题，了解考试的题型并检查自身实力。

针对不擅长的领域进行集中练习
- **文字·词汇·语法**：将解说部分中提到的词汇、表达抄到笔记本上，边写边记。
- **阅读**：坚持每天阅读一篇完整的日语文章。
- **听力**：反复听录音，并阅读听力原文。

↓

解答第 2 回、第 3 回试题，确认自己的日语能力有没有得到提高。

↓

正式考试之前：再次解答模拟试题，进行最终确认。

音频文件可以通过官网下载。详情请参看以下网站。

➡ **https://www.ask-books.com/support/**

序列码：93148

我们还为您准备了仅输入答案就能自动评分的电子表格。请从以下网站下载使用。

➡ **https://www.ask-books.com/jp/goukaku/**

Cách sử dụng cuốn sách này

Cấu trúc

Cuốn sách này gồm có ba đề thi thử. Các bạn hãy đo thời gian trong lúc tập trung giải đề. Sau khi giải xong, hãy chấm điểm cho bài thi mình vừa làm, những điểm nào mình không hiểu hay những điểm mình bị sai, các bạn đừng để mặc mà phải đọc phần giải thích cho thật kỹ.

Chiến lược → Xác nhận xem có những loại câu hỏi như thế nào xuất hiện trong đề thi năng lực tiếng Nhật, và học luyện thi như thế nào sẽ có hiệu quả.

Đáp án · Giải thích → Không chỉ đánh giá đúng sai, mà phải xác nhận tại sao lại sai.

 Giải thích những cách lựa chọn khác ngoài đáp án đúng.

□ · えよう (Hãy ghi nhớ)　Từ vựng·mẫu câu xuất hiện trong đề thi, Từ vựng·mẫu câu liên quan

Đề thi (quyển đính kèm) → Tách cuốn này ra, cắt tờ làm bài ở trang cuối cùng và sử dụng. Bạn cũng có thể tải tờ làm bài từ trên trang web.

Kế hoạch

Thời điểm bắt đầu học luyện thi JLPT: Giải đề 1 biết được hình thức đề thi và thực lực của bản thân.

⬇

Luyện tập những phần mình còn yếu
- **Chữ viết, từ vựng, ngữ pháp:** viết lại ra tập để thuộc lòng những từ, mẫu câu được đưa ra trong phần giải thích đề thi thử.
- **Đọc hiểu:** Mỗi ngày đọc một bài văn tiếng Nhật.
- **Nghe:** Vừa nhìn phần nội dung nghe vừa nghe.

⬇

Giải đề 2, đề 3 rồi xác nhận xem khả năng tiếng Nhật của mình có tiến triển hay chưa.

⬇

Ngay trước kì thi: làm lại đề thi một lần nữa, và xác nhận lại lần cuối.

Có thể tải tập tin âm thanh từ trên trang web. Thông tin chi tiết vui lòng tham khảo trang web sau đây.

➡ **https://www.ask-books.com/support/**
Mã số sê -ri: 93148

Chúng tôi đã chuẩn bị trang Excel để các bạn chỉ cần nhập đáp án vào là có thể chấm điểm được. Vui lòng tải từ trang web sau để sử dụng:

➡ **https://www.ask-books.com/jp/goukaku/**

日本語能力試験（JLPT）
N3 について

Q1 日本語能力試験（JLPT）ってどんな試験？

日本語を母語としない人の日本語力を測定する試験です。日本では47都道府県、海外では86か国（2018年実績）で実施。年間のべ100万人以上が受験する、最大規模の日本語の試験です。レベルはN5からN1まで5段階。以前は4級から1級の4段階でしたが、2010年に改訂されて、いまの形になりました。

Q2 N3 はどんなレベル？

N3は、古い試験の2級と3級の間に新設された新しいレベルです。「日常的な場面で使われる日本語をある程度理解することができる」レベルとされ、たとえば会話なら、自然に近いスピードの会話を聞いて、内容をほぼ理解できる程度、新聞なら、見出しなどから記事の概要を理解できる程度です。

Q3 N3 はどんな問題が出るの？

試験科目は、①言語知識（文字・語彙）、②言語知識（文法）・読解、③聴解の3科目です。詳しい出題内容は12ページからの解説をご覧ください。

Q4 得点は？

試験科目と異なり、得点は、①言語知識（文字・語彙・文法）、②読解、③聴解の3つに分かれています。各項目は0〜60点で、総合得点は0〜180点、合格点は95点です。ただし、3つの得点区分で19点に達していないものが1つでもあると、不合格となります。

Q5 どうやって申し込むの？

日本で受験する場合は、日本国際教育支援協会のウェブサイト（info.jees-jlpt.jp）から申し込みます。郵送での申し込みは廃止されました。海外で受験する場合は、各国の実施機関に問い合わせます。実施機関は公式サイトで確認できます。

詳しくは公式サイトでご確認ください。
https://www.jlpt.jp

Q1 What kind of test is the Japanese Language Proficiency Test (JLPT)?

It is a test to measure Japanese language skills for people whose native language is not Japanese. It is held in 47 prefectures in Japan as well as 86 countries around the world (as of 2018). It is the biggest Japanese language proficiency test in the world, with more than 1,000,000 people taking it each year. It has five levels ranging from N5 to N1. Previously, it had only four levels, level 4 to level 1, but the test was revised in 2010 to its current form.

Q2 What kind of level is N3?

The N3 level is a newly established level that falls between levels 2 and 3 of the older version of the test. It is considered to be at the level of being able to understand Japanese used in various daily situations, for example, being able to hear and mostly understand conversations at natural speed and read newspaper headlines and grasp a summary of news articles.

Q3 What kind of questions are on the N3 test?

The test has three test sections: ① language knowledge (vocabulary/ grammar), ② language knowledge (grammar)・reading and ③ listening. Please see page 12 for more details on the kinds of questions that show up on the test.

Q4 How is it scored?

The test has three scoring sections that differ from the three subjects: ① language knowledge (vocabulary/ grammar), ② reading and ③ listening. Each section is scored from 0 to 60 points for a total of 0 to 180 points, with 95 points being a passing score. However, you will be unable to pass the test if your score on any one section is less than 19 points.

Q5 How do you apply?

When taking the test in Japan, you can apply on the Japan Educational Exchanges and Services Website (info.jees-jlpt.jp). Applications sent by mail will no longer be accepted. When taking the test overseas, consult with your country's host agency. Host agencies in the various test site cities can be found on the Website shown below.

For more information, please visit:
https://www.jlpt.jp

关于日语能力考试N3
（JLPT）

Q1 关于日语能力考试（JLPT）

该考试以母语不是日语的人士为对象，对其日语能力进行测试和评定。截止2018年，在日本47个都道府县、海外86个国家均设有考点。每年报名人数总计超过100万人，是全球最大规模的日语考试。该考试于2010年实行改革，级别由从前4级到1级的四个阶段变为现在N5到N1的五个阶段。

Q2 关于N3

N3是新设级别，难度介于原日语能力考试2级与3级之间。N3注重考查"对日常生活中常用日语的理解程度"，譬如在听到一段接近自然对话速度的对话时，能够大致理解其内容，或者在阅读报纸、新闻时，能够读懂标题内容以及该报道的概要等。

Q3 N3的考试科目

N3考试设有三个科目：①语言知识（文字·词汇）、②语言知识（语法）·阅读、③听力。详细出题内容请参阅解说（p12～）。

Q4 N3合格评定标准

N3考试设有三个评分单项：①语言知识（文字·词汇·语法）、②阅读、③听力，通过各单项得分和综合得分来评定是否合格。各单项及格分为19分，满分60分；综合得分的及格分为95分，满分180分。如果各单项得分中有一项没有达到19分，或者综合得分低于95分都不能视为合格。

Q5 报考流程

选择日本国内的考点，可以通过日本国际教育支援协会官网（info.jees-jlpt.jp）进行报考。选择日本以外的考点，请咨询各国考试实施机构。各国考试实施机构可以通过官网确认。

详情请参看JLPT考试官网。
https://www.jlpt.jp

Về kì thi năng lực tiếng Nhật N3
(JLPT)

Q1 Kỳ thi năng lực tiếng Nhật (JLPT) là kỳ thi như thế nào?

Đây là kỳ thi đánh giá năng lực tiếng Nhật của những người có tiếng mẹ đẻ không phải là tiếng Nhật. Kì thi này được tổ chức ở 47 tỉnh thành tại Nhật và 86 quốc gia khác (số liệu năm 2018). Hằng năm, số lượng thí sinh dự thi tăng lên, có hơn 1.000.000 người dự thi, là kì thi tiếng Nhật quy mô lớn. Gồm có 5 cấp bậc từ N5 đến N1. Trước đây thì có 4 cấp từ cấp 4 đến cấp 1, nhưng từ năm 2010 đã thay đổi cách thi, và trở thành hình thức thi như bây giờ.

Q2 N3 ở trình độ như thế nào?

N3 là cấp độ mới được hình thành, cấp độ này tương đương với khoảng giữa cấp 2 và cấp 3 của kỳ thi cũ. Cấp độ này được cho là "có thể hiểu được mức độ nào đó tiếng Nhật sử dụng trong các ngữ cảnh hằng ngày", ví dụ như nếu là hội thoại, thì có thể nghe được hội thoại ở tốc độ gần với tự nhiên, có thể hiểu hầu hết nội dung hội thoại, nếu là báo chí thì ở trình độ có thể đọc được những lời đầu đề cho đến nội dung khái quát của bài viết.

Q3 Trong bài thi N3 có những câu hỏi thi như thế nào?

Các môn thi gồm có 3 phần đó là ① Kiến thức ngôn ngữ (chữ viết・từ vựng), ② Kiến thức ngôn ngữ (ngữ pháp)・đọc hiểu, ③ Nghe. Nội dung chi tiết vui lòng xem phần giải thích từ trang 12

Q4 Điểm đạt được như thế nào ?

Các môn thi khác nhau, điểm đạt được được chia thành ba cột điểm đó là ① Kiến thức ngôn ngữ (chữ viết・từ vựng・ngữ pháp), ② Đọc hiểu, ③ Nghe. Các môn thi có điểm số từ 0 ~ 60 điểm, tổng số điểm đạt được là từ 0 ~ 180 điểm, điểm đỗ là 95 điểm. Tuy nhiên, nếu như trong 3 cột điểm đó, có một cột không đạt 19 điểm thì bạn sẽ bị đánh rớt.

Q5 Làm thế nào để đăng ký ?

Trường hợp dự thi tại Nhật Bản, có thể đăng ký từ trang web của hiệp hội hỗ trợ giáo dục quốc tế Nhật Bản (info.jees-jlpt.jp) . Việc đăng ký bằng cách gởi qua bưu điện đã được hủy bỏ. Trường hợp dự thi tại nước ngoài, có thể liên lạc với các cơ quan tổ chức kỳ thi tại các quốc gia. Có thể xác nhận thông tin các cơ quan tổ chức kì thi trên trang web chính thức.

Nội dung chi tiết vui lòng kiểm tra tại trang web.
https://www.jlpt.jp

言語知識（文字・語彙）
げん ご ち しき　も じ　ご い

問題1　漢字読み　8問
もんだい　　かん じ よ　　もん

漢字で書かれたことばの読み方を答える。

問題1　＿＿＿＿のことばの読み方として最もよいものを、1・2・3・4から一つえらびなさい。

例1　この黒いかばんは山田さんのです。
　　　1　あかい　　　　　　2　くろい　　　　　　3　しろい　　　　　　4　あおい

例2　何時に学校へ行きますか。
　　　1　がこう　　　　　　2　がこ　　　　　　　3　がっこう　　　　　4　がっこ

答え：例1　2、例2　3

POINT

例1のように、読みはまったく違うけど同じジャンルのことばが選択肢に並ぶ場合と、例2のように「っ」や「゛」、長い音の有無が解答の決め手となる場合があります。例1のパターンでは、問題文の文脈からそこに入る言葉の意味が推測できることがあります。問題文は全部読みましょう。

Point: Just like in Example 1, when words whose readings are completely different even though the genre of the words is the same, checking to see if there are any っ, ゛ or elongated vowels as in Example 2 can be the deciding factor in answering the question. With the pattern in Example 1, the meaning of the word in the question can be surmised from the sentence pattern. Be sure to read the whole question.

要点：此类题型大致可以分为两种情况。如例1所示，4个选项虽然读音完全不同，但词汇类型相同；而例2的情况，"っ（促音）""゛（浊音／半浊音）"，或者长音有无通常会成为解答的决定因素。诸如例1的问题，有时可以从文脉中推测出填入空白处的词汇的意思，因此要养成做题时把问题从头到尾读一遍的习惯。

Điểm quan trọng: Có các trường hợp như các phương án lựa chọn có cách đọc hoàn toàn khác nhau nhưng lại có cùng loại từ như ví dụ 1, và cũng có trường hợp đáp án được quyết định bởi từ ngữ đó có trường âm hay không, hoặc có xúc âm 「っ」 hoặc 「゛」 hay không như ví dụ 2. Kiểu câu hỏi như ví dụ 1, có khi có thể đoán được ý nghĩa của từ vựng đó từ mạch văn của câu. Hãy đọc toàn bộ câu.

勉強法

例2のパターンでは、発音が不正確だと正解を選べません。漢字を勉強するときは、音とひらがなを結び付けて、声に出して確認しながら覚えましょう。一見遠回りのようですが、これをしておけば聴解力も伸びます。

Study Method: In the pattern in Example 2, if the pronunciation is incorrect, you will be unable to choose the correct answer. When studying kanji, try memorizing them by tying the reading to the hiragana and reading them out loud. This may seem like a roundabout way of doing things at first, but doing this will improve your listen comprehension, as well.

学习方法：诸如例2的问题，如果读音不正确则无法选中正确答案。学习日语汉字时，确认该汉字的读音，并将整个词汇大声读出来，边读边记。这种方法不仅可以帮助我们高效记忆，也能够间接提高听力水平。

Phương pháp học: Trong kiểu câu hỏi như ví dụ 2, nếu bạn phát âm không chính xác sẽ không thể lựa chọn đáp án đúng. Khi học chữ Hán, hãy cùng ghi nhớ bằng cách gắn kết giữa âm thanh và chữ Hiragana, rồi thử phát âm xác nhận. Thoạt nhìn có vẻ như mình đi lòng vòng, nhưng nếu cứ luyện tập theo cách này, thì khả năng nghe của các bạn cũng sẽ tiến triển.

問題2　表記　6問

ひらがなで書かれたことばを漢字でどう書くか答える。

問題2 ＿＿＿のことばを漢字で書くとき、最もよいものを、1・2・3・4から一つえらびなさい。
例　らいしゅう、日本へ行きます。
1　先週　　　　　2　来週　　　　　3　先月　　　　　4　来月
答え：2

POINT

漢字の問題は、長く考えたら答えがわかるというものではありません。時間をかけすぎず、後半に時間を残しましょう。

Point: You will not be able to figure out the answers to kanji questions by simply thinking about them for a while. Be sure to leave some time for the latter half by not spending too much time on these questions.

要点：考查汉字的问题，即使长时间思考也不一定会得到正确答案。注意不要在此类问题上耗费过多时间，要多把时间留给后半部分。

Điểm quan trọng: Câu hỏi về chữ Hán, không phải cứ suy nghĩ thật lâu thì sẽ hiểu được câu trả lời. Các bạn đừng mất thời gian để suy nghĩ nhiều, hãy dành thời gian cho các câu hỏi phía sau.

勉強法

漢字を使った言葉の意味と音と表記をおぼえるだけでなく、以下の2つをするといいでしょう。
①　同じ漢字を使った言葉を集めて単漢字の意味をチェックする。
②　漢字をパーツで分類してグルーピングしておく。

Study Method:
Rather than just memorizing the meanings of words that use kanji and their readings and notations, try doing the following two things.
① Check the meanings of single kanji by compiling words that use the same kanji.
② Classify kanji by their radicals and arrange them in groups.

学习方法：
学习带汉字的词汇时，在记住该词汇的意思、读音和写法的同时，也可以通过以下两种方式进行巩固和提高。
①收集使用同一个汉字的词汇，确认该汉字的意思。
②按照边旁部首将汉字进行分类，并进行分组。

Phương pháp học:
Không chỉ nhớ ý nghĩa, cách đọc, mặt chữ của các từ vựng sử dụng Hán tự, các bạn hãy làm theo hai cách sau đây.
①Hãy thu thập những từ ngữ có sử dụng chữ Hán giống nhau, và kiểm tra ý nghĩa của từng chữ Hán đơn lập.
②Hãy tách chữ Hán thành các bộ phận, và xếp chúng thành từng nhóm.

（　　　）に入れるのにいいことばを選ぶ。

> 問題3　（　　　）に入れるのに最もよいものを、1・2・3・4から一つえらびなさい。
>
> 例　私は（　　　）昼ご飯を食べていません。
>
> 　　1　すぐ　　　　　　2　もっと　　　　　3　もう　　　　　4　まだ
>
> 答え：4

POINT

> ①漢字語、②カタカナ語、③動詞・副詞の問題が出る。

Point:
There will be questions on ①kanji vocabulary, ②katakana vocabulary and ③verbs・adjectives.

要点：
　此类题型经常考查：①带汉字的词汇②片假名词汇③动词、副词。

Điểm quan trọng：
①Trong câu hỏi này, có những câu hỏi liên quan đến ①Hán tự, ②Chữ Katakana ③động từ, phó từ.

勉強法

> ①漢字語：勉強法は問題1、2と同じです。
>
> ②カタカナ語：カタカナ語は多くが英語に由来しています。カタカナ語の母語訳だけでなく、英語と結び付けておくと覚えやすいでしょう。「語末の"s"は「ス」（例：bus→バス）」など、英語をカタカナにしたときの変化を自分なりにルール化しておくと、初めて見る単語も類推できるようになります。
>
> ③動詞・副詞：その単語だけでなく、よくいっしょに使われる単語とセットで、例文で覚えましょう。副詞は「程度」「頻度」「予想」など、意味ごとに分類しておくといいですよ。

Study Method:
①Kanji vocabulary: the study method is the same for questions 1 and 2.
②Katakana vocabulary: Many katakana vocabulary words are derived from English. Learning the original meanings of katakana words and tying them to English can make them easier to learn. By coming up with your own rules about katakana vocabulary (like how words that originally ended with "s" in English end with ス in Japanese, as in bus→バス), you will even be able to figure out the meaning of words that you may be seeing for the first time.
③Verbs・adjectives: Try learning words they are often used together with rather than just trying to learn single words on their own. Classifying adjectives by meanings like degree, frequencies and conjecture can be helpful.

学习方法：
①带汉字的词汇：学习方法与问题1、2相同。
②片假名词汇：由于片假名词汇大多来源于英语，因此结合英语进行记忆会比较轻松。例如，"バス"来源于英语的"bus"，"s"变成了片假名的"ス"。针对此类由英语变化而成的片假名词汇，可以按照自己的方式对其进行整理和规则化，这样一来，即使是生词也能够推测出其意思。
③动词、副词：除了记住该词汇本身的意思外，还要记住经常与该词汇一起使用的单词。通过例句进行记忆，可以让印象更深刻。另外，将副词按照"程度""频率""预测"等意思进行分组，也是一种高效的记忆方法。

Phương pháp học:
① Hán tự: phương pháp học giống như câu hỏi 1,2
② Từ vựng Katakana: phần lớn những từ viết bằng Katakana có nguồn gốc từ tiếng Anh. Cách học từ vựng Katakana thì không chỉ học nghĩa dịch từ Katakana sang tiếng mẹ đẻ, mà phải kết nối với từ tiếng Anh thì sẽ dễ nhớ hơn. Nếu như các bạn tự tạo cho mình một nguyên tắc khi chuyển đổi từ tiếng Anh sang chữ "s" cuối từ sẽ trở thành 「ス」 (ví dụ : bus→バス)」 ...thì cho dù đó là từ lần đầu gặp đi nữa, cũng có thể đoán ra được.
③ Động từ, phó từ: các bạn không nên chỉ học một từ riêng biệt đó mà nên kết hợp với những từ thường được sử dụng cùng, và học cả câu ví dụ. Với phó từ thì nếu như các bạn phân loại theo ý nghĩa như "mức độ", "tần xuất", "dự báo" thì sẽ dễ học.

問題4　言い換え類義　5問

_____ の語や表現と意味が近い語や表現を選ぶ。

問題4 _____ に意味が最も近いものを、1・2・3・4から一つえらびなさい。
例　作文を書いたので、チェックしていただけませんか。
1　勉強　　　　　2　提出　　　　　3　確認　　　　　4　準備
答え：3

POINT

> どの選択肢を選んでも正しい文になることが多い。意味をしっかり確認すること。

Point: Any answer you choose is likely to form a correct sentence. Be sure to carefully check the meaning.

要点：此类题型很多情况下，无论选择哪个选项都能组成正确的句子。因此需要牢牢掌握住词汇的意思。

Điểm quan trọng: Có nhiều trường hợp cho dù chọn đáp án nào đi nữa, cũng sẽ trở thành câu đúng. Các bạn nên kiểm tra ý nghĩa thật kỹ.

勉強法

> よくいっしょに使われる単語とセットで、単語の意味をおぼえていれば大丈夫。N3レベルでおぼえたほうがいい語彙はとても多いので、少しずつでも毎日勉強しましょう。

Study Method: It is okay to learn the meaning of vocabulary words by learning them as sets with other words that they are often used with. There are many words that you should learn for the N3 level test, so try studying a little bit every day.

学习方法：记住该词汇以及经常与该词汇一起使用的单词的意思。N3需要记忆的词汇非常多，所以每天的积累很重要。

Phương pháp học: Hãy nhớ ý nghĩa của từ vựng trong tổ hợp từ vựng mà từ đó thường hay đi kèm thì sẽ không có vấn đề gì. Những từ vựng cần ghi nhớ ở cấp độ N3 rất nhiều, vì thế hãy học mỗi ngày một ít.

問題の語を使った文として、いちばんいい文を選ぶ。

> **問題5**　つぎのことばの使い方として最もよいものを、1・2・3・4から一つえらびなさい。
>
> 例　楽
>
> 　1　彼は今度の旅行をとても楽にしている。
> 　2　時間がないから、何か楽に食べましょう。
> 　3　給料が上がって、生活が楽になった。
> 　4　みんながわかるように、もう少し楽に説明してください。
>
> 　　　　　　　　　　　　　　　　　　　　　　　　　　　　　　　　答え：3

勉強法

単語の意味を知っているだけでは答えられない問題もあります。語彙をおぼえるときは、いつどこで使うのか、どの助詞といっしょに使われるか、名詞の場合は「する」がついて動詞になるのか、などにも注意しておぼえましょう。

Study Method: There are questions that you cannot answer by just knowing the meanings of the vocabulary words. When learning vocabulary words, be mindful of when and where they are used, what verbs they are used with and if they are nouns, whether they can be made verbs by adding する.

学习方法：此类题型，有些问题只知道词汇的意思是无法选中正确答案的。学习词汇时，要注意该词汇什么时候用在什么地方，和哪个助词一起使用；名词的情况，要注意如果加上 "する" 是否能够变成动词等。

Phương pháp học: Có những dạng câu hỏi chỉ cần biết được ý nghĩa của từ vựng sẽ có thể trả lời được. Khi học từ vựng, cần phải chú ý đến các điểm như sử dụng ở đâu, khi nào, sử dụng cùng với các động từ nào, trong trường hợp là danh từ thì có đi kèm với 「する」 hay không.

言語知識（文法）・読解

問題1　文の文法1（文法形式の判断）　13問

文の中の（　　　）に入れるのにいちばんいいことばを選ぶ。

問題1　つぎの文の（　　　）に入れるのに最もよいものを、1・2・3・4から一つえらびなさい。

例　先生の（　　　）、日本語能力試験に合格しました。
1　おかげで　　　　　2　せいで　　　　3　ために　　　　4　からで

答え：1

POINT

文法問題と読解問題は時間が分かれていない。読解問題に時間をかけられるよう、文法問題は早めに解くこと。わからなければ適当にマークして次へ進むとよい。

Point: Time is not divided by grammar questions and reading comprehension questions. Answer the grammar questions quickly so you will have time to spend on the reading comprehension questions. If you do not know the answer, just take a guess and move on to the next question.

要点：语法和阅读不会分开计时。必须为阅读部分确保足够的时间。因此语法问题要尽早解答。如果遇到不会做的题，可以随便选择一个选项然后进入下一题。

Điểm quan trọng: Đề thi ngữ pháp và đề thi đọc hiểu thì không chia thời gian cụ thể. Để có thời gian giải các câu hỏi đọc hiểu, hãy giải các câu hỏi ngữ pháp thật nhanh. Trong trường hợp không hiểu, cứ đánh dấu câu hỏi đó theo cách mình dễ nhận biết, rồi tiếp tục làm bài thi.

勉強法

文法項目ごとに、自分の気に入った例文を1つおぼえておきましょう。その文法が使われる場面のイメージを持つことが大切です。

Study Method: Try learning one example sentence that you like for each grammar point. It is important to visualize settings where that grammar is used.

学习方法：每个语法项目，都可以通过记忆一个自己喜欢的例句来进行学习。要弄清楚该语法在什么时候什么样的情况下使用，也就是说要对使用该语法的场景形成一个整体印象。

Phương pháp học: Mỗi điểm ngữ pháp, hãy thuộc lòng một câu ví dụ mà mình thích nhất. Việc hình dung được ngữ cảnh sử dụng mẫu ngữ pháp đó là quan trọng.

文にある4つの＿＿＿にことばを入れ、★に入る選択肢を答える。

> 問題2　つぎの文の＿★＿に入る最もよいものを、1・2・3・4から一つえらびなさい。
>
> （問題例）
>
> 木の　＿＿＿　＿＿＿　＿★＿　＿＿＿　います。
>
> 1　が　　　　　　　2　に　　　　　　　3上　　　　　　　4ねこ
>
> 答え：4

POINT

＿＿＿だけ見るのではなく、文全体を読んで話の流れを理解してから解答する。たいていは3番目の空欄が＿★＿だが、違うこともあるので注意。

Point: When answering questions, be sure to read the entire question, not just the part that goes in the blanks, to understand the flow of the sentence. Usually, the third blank is filled with a star (＿★＿), but there are times when it is in a different blank, so be careful.

要点：不要只看＿＿＿的部分，阅读全文，了解文章的整体走向后再进行作答。大多数情况下＿★＿会出现在第3个空白栏处，但也有例外，要注意。

Điểm quan trọng: Không chỉ xem ở phần ＿＿＿、mà phải đọc toàn câu văn, lý giải mạch câu chuyện rồi trả lời câu hỏi. Thông thường, ở chỗ trống thứ 3 là chỗ trống điền ＿★＿、tuy nhiên lưu ý cũng có khi nằm ở vị trí khác.

勉強法

文型の知識が問われる問題だけでなく、長い名詞修飾節を適切な順番に並べ替える問題も多く出ます。名詞修飾が苦手な人は、日ごろから、母語と日本語とで名詞修飾節の位置が違うことに注意しながら、長文を読むときに文の構造を図式化するなどして、文の構造に慣れておきましょう。

Study Method: There are many questions that will test not only your knowledge of sentence patterns, they will also see if you are able to correctly reorder long noun modifiers. For learners who have trouble with noun modifiers, try getting used to sentence structures by regularly making diagrams of sentence structures when reading long passages while being mindful that the order of noun modifiers in Japanese may be different from those in your own language.

学习方法：此类题型不仅会出现考查句型知识的问题，也会出现很多需要将一长段名词修饰成分按照恰当的顺序排列的问题。不擅长名词修饰的人，平时要注意母语和日语中名词修饰成分所处位置的不同；同时，在阅读较长的句子时，可以通过将句子的结构图式化等方法，以习惯句子的结构。

Phương pháp học: Không chỉ các câu hỏi về kiến thức mẫu câu, mà còn có nhiều câu hỏi sắp xếp thứ tự thích hợp của các mệnh đề danh từ bổ ngữ dài. Những người yếu về mệnh đề danh từ bổ ngữ, hằng ngày nên lưu ý sự khác nhau giữa vị trí của mệnh đề danh từ trong tiếng Nhật và tiếng mẹ đẻ, và khi đọc những câu văn dài, hãy biểu đồ hóa cấu trúc của câu, làm quen với cấu trúc câu.

文章の流れに合った表現を選択肢から選ぶ。

> つぎの文章を読んで、文章全体の内容を考えて、 例1 から 例5 の中に入る最もよいもの
> を、1・2・3・4から一つえらびなさい。
>
> 大学の思い出
>
> わたしは1年前に大学を卒業した。大学生のときは、授業には 例1 と思っていたが、その考え
> は間違っていた。専門家の話を直接聞き、質問できるような機会は、社会に出たらほとんどない。
> 例2 をしていた時間が、今はとても残念に思われる。 例3 友人はたくさんできた。今でもそ
> の友人たちとはよく会って、いろいろな話をする。これからも友人たちを 例4 と思っている。
>
> 例1　1　行かなくてもかまわない　　　　　　2　行ったらよかった
> 　　　3　行ったほうがいい　　　　　　　　　4　行かないだろう
>
> 例2　1　あのこと　　　2　そんな生活　　　3　この勉強　　　4　どういうもの
>
> 例3　1　だから　　　　2　しかし　　　　　3　そのうえ　　　4　また
>
> 例41　大切にしていこう　　　　　　　　　　2　大切にしようがない
> 　　　3　大切にしていけ　　　　　　　　　　4　大切にしたものだ
>
> 答え：例1　1、例2　2、例3　2、例4　1

POINT

> 以下の3種類の問題がある。
> ①接続詞：下記のような接続詞を入れる。空欄の前後の文を読んでつながりを考える。
> 　・順接：だから、すると、そこで
> 　・逆接：ところが、けれども、それでも
> 　・並列：また
> 　・添加：そのうえ、それに
> 　・対比：一方（で）
> 　・言い換え：つまり
> 　・例示：たとえば
> 　・注目：とくに
> ②文脈指示：「そんな〜」「あの〜」といった表現が選択肢となる。指示詞の先は、1つ前の文に
> 　あることが多い。ただし「先日、こんなことがありました。〜」のように、後に続く具体例を指
> 　すことばが選択肢となることもある。
> ③文中表現・文末表現：助詞（「より」「なら」「でも」「だけ」「しか」「まで」「など」）や動詞の
> 　活用が問われる。前後の文の意味内容を理解し、付け加えられた文法項目がどのような意味
> 　を添えることになるか考える。

Point:

These are the three types of questions:

①Conjunctions: Include conjunctions like those listed below. Think about how they connect to the words that come before and after the blank.

・Tangent conjunctions: だから、すると、そこで
・Contradictory conjunctions: ところが、けれども、それでも
・Parallel conjunctions: また
・Additional conjunctions: そのうえ、それに
・Comparative conjunctions: 一方（で）
・Rephrasing conjunctions: つまり
・Illustrative conjunctions: たとえば
・Notice conjunctions: とくに

②Context indicators: There will be answers that include expressions like そんな～ and あの～ . The subject of demonstratives is often found in the previous sentence. However, there are instances when answers include a demonstrative indicating a detailed phrase that comes after it, as in 先日、こんなことがありました。～ .

③Mid-sentence expressions・end-of-sentence expressions: There are questions on the conjugation of particles (より、なら、でも、だけ、しか、まで and など) and verbs. Understand the meaning of the previous and following sentences and consider how the accompanying grammar points add to the meaning.

要点：

此类题型会出现以下3种问题。

①接续词：考查下列接续词的用法。阅读空格前后的句子，并思考相互间的联系。

・顺接：だから、すると、そこで
・逆接：ところが、けれども、それでも
・并列：また
・添加：そのうえ、それに
・对比：一方（で）
・改变说法：つまり
・举例：たとえば
・注目：とくに

②文脉指示：选项中经常出现 "そんな～" "あの～" 之类的表达。指示词所指代的内容通常可以在上一个句子中找到。但是，以 "先日、こんなことがありました。～" 为例，指代后文中具体例子的词语有时也会成为选项。

③文中表达・文末表达：考查助词（より、なら、でも、だけ、しか、まで、など）的用法或者动词的活用。理解前后文的内容，思考选项中所使用的语法项目会赋予该选项什么样的意思。

Điểm quan trọng:

Có 3 loại câu hỏi như sau

①Liên từ: Là những câu hỏi điền những liên từ như sau đây. Đọc câu văn phía trước và sau ô trống suy nghĩ đến sự liên kết.

・Liên từ chỉ quan hệ nguyên nhân kết quả: だから、すると、そこで
・Liên từ chỉ quan hệ đối lập: ところが、けれども、それでも
・Liên từ chỉ quan hệ song song: また
・Liên từ chỉ quan hệ nối tiếp: そのうえ、それに
・Liên từ chỉ quan hệ so sánh: 一方（で）
・Liên từ chỉ sự thay thế: つまり
・Liên từ chỉ ví dụ: たとえば
・Liên từ nhấn mạnh: とくに

②Chỉ thị văn cảnh: là những câu hỏi có các lựa chọn đáp án là các từ ngữ như 「そんな～」「あの～」. Thông thường chỉ thị từ thường thay thế cho những từ ngữ nằm ở câu trước. Tuy nhiên, cũng có những trường hợp cách lựa chọn là những từ ngữ chỉ ví dụ cụ thể tiếp theo ở câu sau ví dụ như 「先日、こんなことがありました。～」.

③Những cách diễn đạt trong câu và những cách diễn đạt cuối câu: thường hỏi về trợ từ (「より」「なら」「でも」「だけ」「しか」「まで」「など」) và cách chia của động từ. Lý giải nội dung ý nghĩa của câu văn trước và sau, suy nghĩ xem mẫu ngữ pháp thêm vào mang thêm ý nghĩa như thế nào.

勉強法

①接続詞：上記の分類をおぼえておきましょう。

②文脈指示：「こ」「そ」「あ」が日本語の文の中でどのように使われるか、母語との違いを明確にしておきましょう。

③文末表現・文中表現：日ごろから文法項目は例文ベースで覚えておくと役に立ちます。

Study Method:
① Contractions: Learn the classifications shown above.
② Context indicators: Be aware of the differences between how demonstratives are used in sentences in Japanese and in your own native language.
③ End-of-sentence expressions・mid-sentence expressions: It may be helpful to learn grammar points through their example sentences.

学習方法：
① 接続詞：记住以上分类并加以练习。
② 文脉指示：明确 "この" "こんな" "その" "そんな" "あの" "あんな" 等指示词的用法，并注意和母语的区别。
③ 文中表达・文末表达：语法不仅需要靠平时的积累，如何学习也是非常重要的。通过例句学习和记忆语法，不失为一种有效的学习方法。

Phương pháp học:
① Liên từ: Hãy học thuộc lòng cách phân chia như ở trên.
② Chỉ thị từ văn cảnh: Hãy cùng làm rõ sự khác nhau xem「こ、そ、あ」được sử dụng như thế nào trong câu tiếng Nhật và khác với tiếng mẹ đẻ như thế nào.
③ Những cách diễn đạt trong câu và những cách diễn đạt cuối câu: những điểm ngữ pháp trong cuộc sống hằng ngày nếu thuộc lòng theo những câu ví dụ cơ bản sẽ hữu ích.

問題4　内容理解（短文）　4問

150～200字程度のテキストを読んで、内容に関する選択肢を選ぶ。

POINT

質問のパターンはいろいろあるが、だいたいは、筆者が最も言いたい内容が問題になっている。
消去法で答えを選ぶのではなく、発話意図をしっかりとらえて選ぶこと。

よくある質問
「私」が最も言いたいことは何か。
このメールを書いた人が最も聞きたいことは何か。
このメモを読んだ人がしなければならないことは何か。

Point: There are many patterns of questions, but the main content of the questions is what the writer most wants to say. Instead of selecting an answer by process of elimination, select by firmly grasping the dialogue intention.

要点：此类题型的问题形式很多，但基本上都会提问笔者在文章中最想表达什么。解答这种问题的关键在于，要牢牢把握住文章的中心思想和笔者的写作意图，而不是用排除法。

Điểm quan trọng: Có rất nhiều kiểu câu hỏi, thông thường là những câu hỏi "nội dung tác giả muốn nói là gì?". Các bạn không nên trả lời bằng phương pháp loại trừ, mà phải nắm bắt thật kỹ ý đồ phát ngôn để lựa chọn câu trả lời.

350字程度の文章を読んで、内容に関する選択肢を選ぶ。

POINT

「＿＿＿＿とあるが、どのような○○か。」「＿＿＿＿とあるが、なぜか。」のような質問で、キーワードや因果関係を理解できているか問う問題が出題される。

下線部の意味を問う問題が出たら、同じ意味を表す言い換えの表現や、文章中に何度も出てくるキーワードを探す。下線部の前後にヒントがある場合が多い。

Point:
Questions like ＿＿＿＿とあるが、どのような○○か。 or ＿＿＿＿とあるが、なぜか。 test whether you are able to understand certain keywords or cause and effect.
When there are questions that ask the meaning of the underlined section, look for rephrasings and expressions that mean the same thing or keywords that frequently appear throughout the passage. Hints can often be found before or after the underlined section.

要点：
　以 "＿＿＿＿とあるが、どのような○○か。" "＿＿＿＿とあるが、なぜか。" 为例，列出一个关键词，考查对因果关系的理解，是此类题型的考查重点。
　对于这种就下划线部分的意思进行提问的问题，可以找出表示相同意思的替换表达、或者文章中反复出现的关键词。大多数情况下，可以从下划线部分的前后文找到提示。

Điểm quan trọng:
Những câu hỏi hỏi xem người làm bài có hiểu được từ khóa, hay mối quan hệ nhân quả được ra trong bài thi như「＿＿＿＿とあるが、どのような○○か。」「＿＿＿＿とあるが、なぜか。」hay không.
Nếu câu hỏi hỏi về ý nghĩa của từ gạch dưới thì hãy tìm từ chìa khóa xuất hiện nhiều lần trong đoạn văn hoặc những mẫu câu được hiển thị bằng cách nói khác nhưng thể hiện cùng một ý nghĩa. Trong nhiều trường hợp, từ gợi ý nằm phía trước hoặc sau từ gạch dưới.

550字程度の文章を読んで、内容に関する選択肢を選ぶ。

POINT

「＿＿＿＿とあるが、どのようなものか。」「この文章から○○についてわかることはどんなことか」「この文章のテーマは何か」のような質問で、概要や論理の展開などが理解できているか問う問題が出題される。

文章の概要を問う問題では、何度も出てくるキーワードがヒントになる。

筆者の考えを問う問題では、主張や意見を示す表現（〜べきだ、〜のではないか、〜なければならない、など）に注目する。

Point:
Questions like ＿＿＿＿とあるが、どのようなものか。, この文章から○○についてわかることはどんなことか and この文章のテーマは何か test whether you understand the outline and logical development.
For questions about summarizing passages, keywords that show up again and again may be hints.
For questions about what the writer is thinking, be careful of expressions that express (like 〜べきだ, 〜のではないか, 〜なければならない, etc.) assertions and opinions.

要点:
　　以 "＿＿とあるが、どのようなものか。" "この文章から○○についてわかることはどんなことか" "この文章のテーマは何か" 為例，此類題型重点考察対文章概要以及逻辑展开的理解。
　　考查文章概要的问题，反复出现的关键词是解题关键。
　　询问笔者想法的问题，则需要注意表达笔者主张或意见的语句，该类语句通常以 "～べきだ" "～のではないか" "～なければならない" 等结尾。

Điểm quan trọng:
Những câu hỏi hỏi xem người làm có hiểu được khái quát hay triển khai của lý luận hay chưa như những câu hỏi 「＿＿＿とあるが、どのようなものか。」「この文章から○○についてわかることはどんなことか」「この文章のテーマは何か」.
Ở những câu hỏi hỏi về khái quát của đoạn văn thì những từ chìa khóa xuất hiện nhiều lần sẽ là gợi ý.
Ở những câu hỏi hỏi về suy nghĩ của người viết thì hãy chú ý đến những biểu hiện hiển thị chủ trương và ý kiến như ～べきだ、～のではないか、～なければならない...

勉強法

問題5と6では、まずは、全体をざっと読むトップダウンの読み方で大意を把握し、次に問題文を読んで、下線部の前後など、解答につながりそうな部分をじっくり見るボトムアップの読み方をするといいでしょう。日ごろの読解練習でも、まずざっと読んで大意を把握してから、丁寧に読み進めるという2つの読み方を併用してください。

Study Method: For questions 5 and 6, first read the whole passage to understand the overall meaning using a top-down approach, then read the question and carefully look for parts before and after the blank that might relate to the answer using a bottom-up approach. Even for your regular reading comprehension practice, use two forms of reading by first skimming through the passage to get a general idea of what it is about, then reading it again more carefully.

学习方法：在问题5和6中，首先，粗略地阅读整篇文章，用自上而下的方法来把握文章大意；然后阅读问题，并仔细观察下划线部分前后的语句等，用自下而上的方法仔细阅读与解答相关的部分。在日常的阅读训练中，要有意识地并用 "自上而下" 和 "自下而上" 这两种阅读方法，先粗略阅读全文，把握文章大意后，再仔细阅读。

Phương pháp học: Ở câu hỏi 5, 6 trước hết các bạn nên nắm bắt đại ý của đoạn văn bằng cách đọc Topdown đọc lướt toàn bài văn, kế tiếp đọc câu hỏi, rồi sau đó đọc theo cách đọc Bottom up tìm thật kỹ những phần liên quan đến câu trả lời những phần trước và sau của phần gạch chân.
Trong quá trình luyện đọc hiểu hằng ngày các bạn cũng nên luyện cả hai cách đọc, đầu tiên cũng đọc lướt để nắm bắt đại ý, sau đó đọc cẩn thận để tìm ra câu trả lời.

問題7　情報検索　2問

広告、パンフレットなどのなかから必要な情報を探し出して答える。

POINT

何かの情報を得るためにチラシなどを読むという、日常の読解活動に近い形の問題。初めに問題文を読んで、必要な情報だけを拾うように読むと効率がいい。多い問題は、条件が示されていて、それに合う商品やコースなどを選ぶもの。また、「参加したい／利用したいと考えている人が、気を付けなければならないことはどれか。」という問題もある。その場合、選択肢1つ1つについて、合っているかどうか本文と照らし合わせる。

Point: This is a question that has you read leaflets to find information which are similar to everyday forms of reading activities. Reading the passage first while focusing on only picking up necessary information can be effective. Many questions will have you choose a product or course that matches certain shown conditions. There are also questions that ask "What should the person who wants to participate/is thinking about participate be careful of?" For these questions, refer to the main passage to see if each answer matches.

要点：日常生活中，人们常常为了获取信息而阅读传单等宣传物品，因此，此类题型与我们日常的阅读活动非常相近。多数情况下，需要根据问题中列出的条件选择符合该条件的商品或课程等项目。首先阅读问题，只收集必要的信息，然后再阅读正文内容，这种方法效率很高。除此之外，也会出现诸如"参加したい／利用したいと考えている人が、気を付けなければならないことはどれか。"之类的问题。这种情况可以用排除法，把每个选择项都与正文对照一下，并判断是否正确。

Điểm quan trọng: Đây là hình thức câu hỏi thi gần với hình thức hoạt động đọc hiểu trong cuộc sống hằng ngày như đọc những tờ rơi quảng cáo để có được thông tin nào đó. Đầu tiên là đọc câu hỏi, sau đó tìm những thông tin cần thiết thì hiệu quả sẽ cao. Phần lớn câu hỏi thì điều kiện được hiển thị, chúng ta cần lựa chọn những khóa, sản phẩm hợp với điều kiện đó. Ngoài ra, còn có những câu hỏi như "những người muốn tham gia, muốn sử dụng thì cần phải lưu ý những gì". Trong trường hợp đó, cần phải đối chiếu từng sự lựa chọn xem có hợp với nội dung đoạn văn không.

勉強法

広告やパンフレットの情報としてよく出てくることばを理解しておきましょう。

（例）　時間：営業日、最終、〜内

　　　　場所：集合、お届け、訪問

　　　　料金：会費、〜料、割引、無料

　　　　申し込み：締め切り、要⇔不要、最終、募集人数　　　など

Study Method: Understand words that are often used as information in passages like advertisements and pamphlets.

学习方法：理解广告、传单或者宣传小册子中经常出现的与信息相关的词语。

Phương pháp học: Hãy lý giải những từ vựng thường hay xuất hiện trong đề thi như là thông tin của các tờ rơi, quảng cáo.

聴解
ちょう かい

勉強法

聴解は、読解のようにじっくり情報について考えることができません。わからない語彙があっても、瞬時に内容や発話意図を把握できるように、たくさん練習して慣れましょう。とはいえ、やみくもに聞いても聴解力はつきません。話している人の目的を把握したうえで聞くようにしましょう。また、聴解力を支える語彙・文法の基礎力と情報処理スピードを上げるため、語彙も音声で聞いて理解できるようにしておきましょう。

Study Method: Like with reading comprehension, listening comprehension will not allow you time to carefully read and consider all of the information in the question. If there are vocabulary words you do not know, practice a lot to get used to them so you can instantly grasp the meaning of the passage. That being said, you will not just suddenly be able to improve your listening comprehension. Try listening while understanding the objective of the person speaking. Furthermore, in order to improve your vocabulary and grammar which supports listening comprehension skills as well as your foundational abilities and information processing speed, be sure to learn to listen to the vocabulary and understand what is being said.

学习方法：听力无法像阅读那样仔细地进行思考。即使有不懂的词汇，也要做到能够瞬间把握对话内容和表达意图，所以大量的练习非常重要。话虽如此，没头没脑地听是无法提高听力水平的。进行听力训练的时候，要养成把握说话人的目的的习惯。另外，词汇、语法和信息处理速度是听力的基础，因此在学习词汇时，可以边听边学，这也是一种间接提高听力水平的方法。

Phương pháp học: Môn nghe thì không thể suy nghĩ về thông tin một cách kỹ càng như đọc hiểu. Hãy tạo cho mình thói quen luyện tập nắm bắt nội dung và ý đồ phát ngôn ngay lập tức cho dù có những từ vựng mình không hiểu đi nữa. Cho dù là nói như vậy, nhưng nếu cứ nghe một cách mò mẫm thì cũng không thể nâng cao khả năng nghe được. Hãy cố gắng nghe sau khi nắm bắt mục đích của người nói. Ngoài ra, hãy cố gắng nghe từ vựng bằng âm thanh, và hiểu được từ vựng đó để gia tăng vốn từ vựng và ngữ pháp hỗ trợ cho khả năng nghe, và tốc độ xử lý thông tin.

2人の会話を聞いて、ある課題を解決するのに必要な情報を聞き取る。

問題1では、まず質問を聞いてください。それから話を聞いて、問題用紙の1から4の中から、最もよいものを一つえらんでください。

状況説明と質問を聞く

■)) 大学で女の人と男の人が話しています。男の人は何を持っていきますか。

↓

会話を聞く

■)) 女：昨日、佐藤さんのお見舞いに行ってきたんだけど、元気そうだったよ。

男：そっか、よかった。僕も今日の午後、行こうと思ってたんだ。

女：きっとよろこぶよ。

男：何か持っていきたいんだけど、ケーキとか食べられるのかな。

女：足のケガだから食べ物に制限はないんだって。でも、おかしならいろんな人が持ってきたのが置いてあったからいらなさそう。ひまそうだったから雑誌とかいいかも。

男：いいね。おすすめのマンガがあるからそれを持っていこうかな。

もう一度質問を聞く

■)) 男の人は何を持っていきますか。

↓

選択肢、またはイラスト）から答えを選ぶ

1	ケーキ
2	おかし
3	ざっし
4	マンガ

答え：4

POINT

質問をしっかり聞き、聞くべきポイントを絞って聞く。質問は「（これからまず）何をしなければなりませんか。」というものがほとんど。「○○しましょうか。」「それはもうやったからいいや。」などと話が二転三転することも多いので注意。

Point: Listen carefully to the question and try to single out the important points. Most questions are "（これからまず）何をしなければなりません。". Conversations may have two or even three twists, as in "○○しましょうか。"and "それはもうやったからいいや。", so be careful.

要点：仔细听问题，并抓住重点。问题几乎都是"（これからまず）何をしなければなりませんか。"这样的形式。对话过程中话题会反复变化，因此要注意"○○しましょうか。""それはもうやったからいいや。"这样的语句。

Điểm quan trọng: Hãy nghe kỹ câu hỏi, nghe và nắm bắt những điểm quan trọng cần phải nghe. Câu hỏi hầu như là những câu kiểu "(từ bây giờ, trước tiên) phải làm gì?". Cần lưu ý kiểu câu hỏi này thường có cách nói lẩn tránh vấn đề như 「○○しましょうか。」"Tôi làm~ cho bạn nhé!", 「それはもうやったからいいや。」"Cái đó thì tôi đã làm rồi nên không cần đâu."...

2人、または1人の話を聞いて、話のポイントを聞き取る。

問題2では、まず質問を聞いてください。そのあと、問題用紙を見てください。読む時間があります。それから話を聞いて、問題用紙の1から4の中から、最もよいものを一つえらんでください。

状況説明と質問を聞く	🔊 日本語学校の新入生が自己紹介しています。新入生は、将来、何の仕事がしたいですか。
▼	
選択肢を読む	（約20秒間）
▼	
話を聞く	🔊 女：はじめまして、シリンと申します。留学のきっかけは、うちに日本人の留学生がホームステイしていて、折り紙を教えてくれたことです。とてもきれいで、日本文化に興味を持ちました。日本の専門学校でファッションを学んで、将来はデザイナーになりたいと思っています。どうぞよろしくお願いします。
▼	🔊 新入生は、将来、何の仕事がしたいですか。
もう一度質問を聞く	
▼	1　日本語を教える仕事
選択肢から答えを選ぶ	2　日本ぶんかをしょうかいする仕事 3　つうやくの仕事 4　ふくをデザインする仕事

答え：4

POINT

質問文を聞いたあとに、選択肢を読む時間がある。質問と選択肢から内容を予想し、ポイントを絞って聞くこと。問われるのは、原因・理由や問題点、目的、方法などで、日常での聴解活動に近い。

Point: After listening to the question passage, you will have time to read the answer choices. You will be asked about things like cause and reason or problems, objectives and methods in questions relating to everyday listening comprehension activities.

要点：听完问题后，会有时间阅读选项。从问题和选项预测接下来要听的内容，并抓住重点听。此类题型的对话场景很接近日常生活，问题通常会涉及到原因、理由、疑问点、目的或方法等等。

Điểm quan trọng: Sau khi nghe câu hỏi, có thời gian cho bạn đọc các lựa chọn đáp án. Bạn có thể đoán nội dung từ các lựa chọn đáp án và câu hỏi, sau đó nghe nắm bắt các ý chính. Những câu được hỏi thường gần với các hoạt động nghe trong cuộc sống hằng ngày như nguyên nhân, kết quả, điểm vấn đề, mục đích, phương pháp...

2人、または1人の話を聞いて、話のテーマ、話し手の言いたいことなどを聞きとる。

> 問題3では、問題用紙に何もいんさつされていません。この問題は、ぜんたいとしてどんなないようかを聞く問題です。話の前に質問はありません。まず話を聞いてください。それから、質問とせんたくしを聞いて、1から4の中から、最もよいものを一つえらんでください。

状況説明を聞く

🔊 日本語のクラスで先生が話しています。

🔊 男：今日は「多読」という授業をします。多読は、多く読むと書きます。本をたくさん読む授業です。ルールが3つあります。辞書を使わないで読む、わからないところは飛ばして読む、読みたくなくなったらその本を読むのをやめて、ほかの本を読む、の3つです。今日は私がたくさん本を持ってきたので、まずは気になったものを手に取ってみてください。

話を聞く

質問を聞く

🔊 今日の授業で学生は何をしますか。

選択肢を聞く

🔊 1　先生が本を読むのを聞く
　　2　辞書の使い方を知る
　　3　たくさんの本を読む
　　4　図書館に本を借りに行く

答えを選ぶ

答え：3

POINT

話題になっているものは何か、一番言いたいことは何かなどを問う問題。細部にこだわらず、全体の内容を聞き取るようにする。とくに「つまり」「このように」「そこで」など、要旨や本題を述べる表現や、「〜と思います」「〜べきです」など、話し手の主張や意見を述べている部分に注意する。

Point: This is a question that asks what the topic of conversation is or what the speaking is trying to say. Try to hear the whole content of the audio without getting too caught up on the details. Be careful of expressions that describe the main point or topic, especially words like つまり, このように and そこで, as well as sections that state the speaker's assertions or opinions.

要点：对话围绕什么话题展开，最想表达什么，是此类题型的考查重点。不要在细节上纠结，要把握好对话全体的内容。对于"つまり""このように""そこで"等表述重点或者中心思想的表达，以及"〜と思います""〜べきです"这类表述说话人主张或意见的部分，需要特别注意。

Điểm quan trọng: Đây là dạng câu hỏi vấn đề trở thành chủ đề là gì, những điều muốn nói nhất là gì. Các bạn hãy cố gắng nghe tổng thể nội dung, không cần chú ý quá nhiều đến những chi tiết nhỏ. Đặc biệt chú ý đến những cách diễn đạt nêu lên điểm cốt yếu hoặc chủ đề chính như 「つまり」(có nghĩa là) 「このように」(như thế này) 「そこで」(vì thế), hoặc những phần nêu lên chủ trương, ý kiến của người nói như 「〜と思います」(tôi nghĩ rằng…) 「〜べきです」(nên….)

イラストを見ながら、状況説明を聞いて、最もいい発話を選ぶ。

問題4では、えを見ながら質問を聞いてください。やじるし（→）の人は何と言いますか。1から3の中から、最もよいものを一つえらんでください。

イラストを見る

🔊 写真を撮ってもらいたいです。近くの人に何と言いますか。

状況説明と質問を聞く

🔊 男：1　よろしければ、写真をお撮りしましょうか。
　　　　2　すみません、写真を撮っていただけませんか。
　　　　3　あのう、ここで写真を撮ってもいいですか。

選択肢を聞く

答えを選ぶ

答え：2

POINT

最初に流れる状況説明と問題用紙に描かれたイラストから、場面や登場人物の関係をよく理解したうえで、その状況にふさわしい伝え方、受け答えを考える。

Point: Once you understand how the relationship between the characters and the setting from the explanation that plays in the beginning and the illustrations on the question form, think of how best to convey this and respond to the question in a way that best fits the situation.

要点：根据最初播放的状况说明以及插图，在理解对话场景或者登场人物的关系的基础上，思考适合该场合的传达和应答方式。

Điểm quan trọng: Sau khi lý giải mối quan hệ giữa những người xuất hiện và ngữ cảnh từ tranh minh họa được vẽ trên đề thi và phần giải thích tình huống được nghe ban đầu, chúng ta hãy suy nghĩ cách truyền đạt, cách trả lời thích hợp với tình huống đó.

質問、依頼などの短い発話を聞いて、適切な答えを選ぶ。

問題5では、問題用紙に何もいんさつされていません。まず文を聞いてください。それから、そのへんじを聞いて、1から3の中から、最もよいものを一つえらんでください。

質問などの短い発話を聞く

↓

選択肢を聞く

↓

答えを選ぶ

🔊 すみません、会議で使うプロジェクターはどこにありますか。

🔊 1　ロッカーの上だと高すぎますね。
　　2　ドアの横には置かないでください。
　　3　事務室から借りてください。

答え：3

勉強法

問題4と5には、日常生活でよく使われている挨拶や表現がたくさん出てきます。日頃から注意しておぼえておきましょう。文型についても、読んでわかるだけでなく、耳から聞いてもわかるように勉強しましょう。

Study Method: In questions 4 and 5, there are many greetings and expressions that are often used in everyday life. Be careful of this. Study hard so that you will be able to recognize sentence patterns not only when you read them, but when you hear them as well.

学习方法：在问题4和5中，会出现很多日常生活中经常使用的问候和表达方式。如果平时用到或者听到这样的话语，就将它们记下来吧。句型也一样，不仅要看得懂，也要听得懂。

Phương pháp học: Ở phần thi 4 và 5, xuất hiện rất nhiều mẫu câu và câu chào hỏi được sử dụng nhiều trong cuộc sống hằng ngày. Chúng ta hãy cùng lưu ý và ghi nhớ mỗi ngày nhé. Liên quan đến mẫu câu, chúng ta không chỉ đọc và hiểu, mà chúng ta phải học để có thể nghe để hiểu.

時間の目安 ⏰

試験は時間との戦いです。模試を解くときも、時間をきっちりはかって解きましょう。
下記はだいたいの目安です。

分＝minute／分／phút、秒＝second／秒／giây

言語知識（文字・語彙）30分

問題 Question／问题／Câu hỏi	問題数 # of questions／问题数／Số lượng câu hỏi	かける時間の目安 Approx. time to spend／大题时间分配／Mục tiêu thời gian	1問あたりの時間 Time per question／小题时间分配／Thời gian cho từng câu hỏi
問題1	8問	3分	20秒
問題2	6問	2分	20秒
問題3	11問	6分	30秒
問題4	5問	3分	30秒
問題5	5問	10分	2分

言語知識（文法）・読解　70分

問題	問題数	かける時間の目安	1問あたりの時間
問題1	13問	8分	30秒
問題2	5問	5分	1分
問題3	5問	10分	2分
問題4	短文4つ	8分	短文1つ（1問）が2分
問題5	中文2つ	12分	中文1つ（3問）が6分
問題6	長文1つ	10分	長文1つ（4問）が10分
問題7	情報素材1つ	8分	1問4分

聴解　40分

聴解は、「あとでもう一度考えよう」と思わず、音声を聞いたらすぐに答えを考えて、マークシートに記入しましょう。

On the listening comprehension section, do not think that you will be able to come back to consider the answer later. Instead think of the answer as soon as you hear the question and fill it out on the answer sheet.

听力部分，不要总想着"我待会再思考一遍"，听的同时就要思考答案，然后立刻填写答题卡。

Trong phần nghe, các bạn không được nghĩ rằng "để lúc sau mình sẽ suy nghĩ lại lần nữa", mà hãy nghe rồi lập tức suy nghĩ trả lời và điền vào phiếu chọn câu trả lời.

第1回 解答・解説

だい かい かい とう かい せつ

Answers・Explanations／解答・解说／Đáp án・giải thích

ごうかくもし　かいとうようし

N3　げんごちしき (もじ・ごい)

第1回

じゅけんばんごう
Examinee Registration Number

なまえ
Name

〈ちゅうい　Notes〉

1. くろいえんぴつ (HB、No.2) でかいて
ください。
Use a black medium soft (HB or No.2)
pencil.
（ペンやボールペンではかかないでくだ
さい。）
(Do not use any kind of pen.)

2. かきなおすときは、けしゴムできれい
にけしてください。
Erase any unintended marks completely.

3. きたなくしたり、おったりしないでくだ
さい。
Do not soil or bend this sheet.

4. マークれい　Marking Examples

よいれい Correct Example	わるいれい Incorrect Examples
●	⊗ ○ ◑ ◯ ⦸ ◖ ●

問題 1

1	● ② ③ ④
2	① ● ③ ④
3	① ● ③ ④
4	① ② ③ ●
5	① ● ③ ④
6	● ② ③ ④
7	① ● ③ ④
8	① ② ● ④

問題 2

9	① ② ③ ●
10	① ② ● ④
11	① ② ● ④
12	① ● ③ ④
13	① ② ③ ●
14	● ② ③ ④

問題 3

15	① ② ③ ●
16	① ● ③ ④
17	① ② ③ ●
18	① ● ③ ④
19	① ② ③ ●
20	① ② ● ④
21	① ② ③ ●
22	① ● ③ ④
23	① ② ③ ●
24	① ② ③ ●
25	① ② ③ ●

問題 4

26	① ② ③ ●
27	① ② ③ ●
28	① ② ③ ●
29	① ● ③ ④
30	● ② ③ ④

問題 5

31	● ② ③ ④
32	● ② ③ ④
33	① ② ● ④
34	● ② ③ ④
35	① ② ● ④

ごうかくもし　かいとうようし

N3　げんごちしき（ぶんぽう）・どっかい

第1回

じゅけんばんごう
Examinee Registration Number

なまえ
Name

〈ちゅうい　Notes〉

1. くろいえんぴつ (HB、No.2) でかいて
ください。
Use a black medium soft (HB or No.2)
pencil.
（ペンやボールペンではかかないでくだ
さい。）
(Do not use any kind of pen.)

2. かきなおすときは、けしゴムできれい
にけしてください。
Erase any unintended marks completely.

3. きたなくしたり、おったりしないでくだ
さい。
Do not soil or bend this sheet.

4. マークれい Marking Examples

よいれい Correct Example	わるいれい Incorrect Examples
●	⊗ ○ ◌ ◍ ◐ ⊖ ⊘ ◍

問題1

1	① ② ● ④
2	① ② ● ④
3	① ● ③ ④
4	● ② ③ ④
5	● ② ③ ④
6	① ● ③ ④
7	① ● ③ ④
8	① ● ③ ④
9	① ② ③ ●
10	① ② ③ ●
11	① ② ● ④
12	① ② ● ④
13	① ② ③ ●

問題2

14	① ② ● ④
15	① ② ● ④
16	① ● ③ ④
17	① ② ● ④
18	① ② ● ④

問題3

19	① ② ③ ●
20	① ② ● ④
21	① ● ③ ④
22	① ② ③ ●
23	① ② ● ④

問題4

24	● ② ③ ④
25	① ② ③ ●
26	① ② ● ④
27	● ② ③ ④

問題5

28	① ② ③ ●
29	① ● ③ ④
30	① ② ③ ●
31	① ② ③ ●
32	① ● ③ ④
33	① ② ● ④

問題6

34	① ② ③ ●
35	● ② ③ ④
36	① ② ③ ●
37	① ② ● ④

問題7

| 38 | ① ② ③ ● |
| 39 | ① ② ③ ● |

035

じゅけんばんごう
Examinee Registration Number

なまえ
Name

〈ちゅうい Notes〉

1. くろいえんぴつ (HB、No.2) でかいて
   ください。
   Use a black medium soft (HB or No.2)
   pencil.
   (ペンやボールペンではかかないでくだ
   さい。)
   (Do not use any kind of pen.)

2. かきなおすときは、けしゴムできれい
   にけしてください。
   Erase any unintended marks completely.

3. きたなくしたり、おったりしないでくだ
   さい。
   Do not soil or bend this sheet.

4. マークれい Marking Examples

よいれい Correct Example	わるいれい Incorrect Examples
●	⊘ ◯ ◍ ⊖ ⦸ ◑

問題1

	1	2	3	4
れい	①	②	③	●
1	●	②	③	④
2	①	②	●	④
3	①	●	③	④
4	①	②	③	●
5	①	②	③	●
6	①	②	③	●

問題2

	1	2	3	4
れい	①	②	③	●
1	①	②	③	●
2	①	②	③	●
3	●	②	③	④
4	①	②	③	●
5	①	●	③	④
6	●	②	③	④

問題3

	1	2	3	4
れい	①	②	③	●
1	①	②	●	④
2	①	②	●	④
3	●	②	③	④

問題4

	1	2	3
れい	①	●	③
1	①	●	③
2	●	②	③
3	●	②	③
4	●	②	③

問題5

	1	2	3
れい	①	●	③
1	①	②	●
2	●	②	③
3	①	②	●
4	●	②	③
5	①	②	●
6	①	●	③
7	●	②	③
8	①	●	③
9	●	②	③

第1回　採点表と分析

		配点	正答数	点数
文字・語彙	問題1	1点×8問	／ 8	／ 8
	問題2	1点×6問	／ 6	／ 6
	問題3	1点×11問	／11	／11
	問題4	1点×5問	／ 5	／ 5
	問題5	1点×5問	／ 5	／ 5
文法	問題1	1点×13問	／13	／13
	問題2	1点×5問	／ 5	／ 5
	問題3	1点×5問	／ 5	／ 5
	合　計	58点		a ／58

60点になるように計算してみましょう。　a □　点÷58×60＝A □　点

		配点	正答数	点数
読解	問題4	3点×4問	／ 4	／12
	問題5	4点×6問	／ 6	／24
	問題6	4点×4問	／ 4	／16
	問題7	4点×2問	／ 2	／ 8
	合　計	60点		B ／60

		配点	正答数	点数
聴解	問題1	3点×6問	／ 6	／18
	問題2	2点×6問	／ 6	／12
	問題3	3点×3問	／ 3	／ 9
	問題4	3点×4問	／ 4	／12
	問題5	1点×9問	／ 9	／ 9
	合　計	60点		C ／60

A B C のうち、48点以下の科目があれば
解説や対策を読んでもう一度チャレンジしましょう（48点はこの本の基準です）

※この採点表の得点は、アスク出版編集部が問題の難易度を判断して配点しました。

言語知識（文字・語彙）

問題1

1 1 てんしょく
転職：change of job ／ 改行，換工作 ／ chuyển việc

 2 転勤：job transfer ／ 调职 ／ chuyển nơi làm

3 就職：job hunting ／ 就业 ／ tìm việc làm

2 2 ばん
晩ご飯＝夕ご飯＝夜に食べるご飯
最近は「夜ご飯」ともいう。

3 2 えいぎょう
営業：business ／ 营业 ／ kinh doanh

 1 開業：opening a business ／ 开业，开张 ／ bắt đầu kinh doanh

4 工業：industry ／ 工业 ／ công nghiệp

4 4 ちかみち
近道：short cut ／ 近路 ／ đường tắt

5 3 みとめ
認める：to recognize ／ 认可，赏识 ／ chấp nhận, công nhận

 1 確かめる：to confirm ／ 弄清, 查明 ／ xác nhận, làm cho rõ ràng

4 求める：to seek ／ 渴望, 盼望 ／ tìm kiếm, mong muốn

6 1 げんりょう
原料：raw materials ／ 原料 ／ nguyên liệu

2 材料：ingredient ／ 材料 ／ vật liệu

4 賃料：rent ／ 租金 ／ phí thuê, tiền thuê

7 2 じゅうたい
渋滞：traffic jam ／ 堵车，拥堵 ／ kẹt xe, tắc nghẽn giao thông

8 4 ちょうし
調子：manner ／ 兴头，势头 ／ tình trạng

問題2

9 4 遊び
遊ぶ：to play ／ 玩耍 ／ chơi

 1 逃げる：to run away ／ 逃走 ／ trốn chạy, tránh

2 連れて行く：to take someone along ／ 带着去 ／ dẫn đi, đưa đi

3 遅れる：to be late ／ 迟 ／ chậm trễ, muộn

10 3 重体
重体：critical condition ／ 病危，危笃 ／ trọng bệnh, nguy kịch

 1 十代：teenage ／ 第十代 ／ độ tuổi thanh thiếu niên

2 重大：serious ／ 重大 ／ trọng đại, quan trọng

11 3 帰宅
帰宅＝家に帰ること

12 1 冷たい
冷たい：cold (to the touch) ／ 凉的 ／ lạnh, lạnh lùng, lạnh nhạt

 2 凍る：to freeze ／ 结冰 ／ đóng băng
冷凍：cold storage ／ 冷冻 ／ đông lạnh

3 寒い：cold ／ 寒冷 ／ lạnh

4 涼しい：cool ／ 凉爽 ／ mát mẻ

13 3 栄養

栄養：nutrition／营养／dinh dưỡng

栄養をとる：to get one's nutrition／摄取营养／cung cấp dinh dưỡng

 1 体調：physical condition／身体状况／tình trạng cơ thể

2 休養：rest／休养／an dưỡng, nghỉ ngơi

□ 睡眠：sleep／睡眠／giấc ngủ

14 1 関心

関心：concern／关心，感兴趣／quan tâm

 2 感心：admiration／钦佩／cảm phục

問題3

15 4 希望

希望：hope／希望／nguyện vọng

 1 興味：interest／兴趣／hứng thú

2 期待：expectation／期待／kỳ vọng, mong đợi

3 確認：confirmation／确认／xác nhận, xác minh

16 1 貯金

貯金：savings／存钱／tiền tiết kiệm

 2 税金：tax／税款／tiền thuế

3 現金：cash／现金／tiền mặt

4 代金：price／货款／tiền hàng, tiền trả khi mua hàng

17 2 不足

不足：insufficiency／不足，缺乏／thiếu

運動不足：insufficient exercise／缺乏运动／thiếu vận động

1 不安（な）：uneasiness／不安／bất an

3 不良：bad／不良／không tốt

4 不満：dissatisfaction／不满／bất mãn

18 1 すっかり

すっかり：completely／完全／hoàn toàn

 2 ぐっすり寝る：to sleep soundly／睡得很香／ngủ ngon, ngủ say

3 はっきり話す：to talk clearly／说清楚／nói rõ ràng

4 ぴったり合う：to suit perfectly／完美契合／vừa khớp

19 2 種

種：seed／种子／hạt

 1 林：woods／树林／rừng

3 草：grass／草／cỏ

4 葉：leaf／叶子／lá cây

20 4 結果

結果：result／结果／kết quả

 1 研究：research／研究／nghiên cứu

2 検査：inspection／检查／kiểm tra

3 調査：investigation／调查／điều tra

21 2 トラブル

トラブル：**trouble**／纠纷，麻烦／rắc rối, vấn đề cản trở

 1 ドリブル：**dribble**／带球，运球／rê bóng, đi bóng

3 サポート：**support**／支援，支持／ủng hộ, cổ vũ

4 サイクル：**cycle**／循环／chu trình, chu kỳ

22 1 ひねった

ひねる：to twist／扭／vặn, xoay

 2 ほる：to dig／挖／đào

3 なでる：to stroke／抚摸／xoa, sờ, vuốt

4 しぼる：to wring／拧／vắt

23 3 文句

文句：complaint／意见，牢骚／than phiền, phàn nàn

文句ばかり言う＝いつも文句を言っている

 1 会話：conversation／会话／hội thoại

2 電話：phone／电话／điện thoại

4 笑顔：smile／笑脸／khuôn mặt tươi cười

24 2 くやしい

くやしい：vexing ／不甘心的／đáng tiếc

 1 はげしい：extreme ／激烈的／mãnh liệt

3 あやしい：suspicious ／可疑的／đáng nghi

4 むずかしい：difficult ／难的／khó, khó khăn

25 3 原因

原因：origin ／原因／nguyên nhân

 1 理解：understanding ／理解／lý giải, hiểu

2 説明：explanation ／说明／giải thích

4 様子：appearance ／情况／tình trạng

問題4

26 2 さらに

ますます＝さらに：more and more ／更加／ngày càng

27 2 無料

ただ＝無料：free ／免费／miễn phí

 1 割引：discount ／打折／giảm giá

3 （お）得になる：to bring profit ／实惠, 有赚头／được lợi

4 半額：half price ／半价／giảm nửa giá

28 4 だめになり

くさる＝だめになる：to spoil ／腐烂, 变质／thối, hỏng

29 1 しょうじきな

そっちょくな＝正直な：straightforward ／坦率／chính trực, thật thà

 2 生意気な：impudent ／自大, 傲慢／tự cao tự đại, kiêu căng

3 難しい：difficult ／难的／khó tính, khó khăn

30 1 うるさい

やかましい＝うるさい：loud ／吵闹的, 烦人的／ồn ào

問題5

31 1 先生のことは、決して忘れません。

決して〜ない：never 〜／绝不…／tuyệt đối không〜

32 1 会議の場所のメールを後輩にも転送した。

（メールの）転送：forward e-mail ／转发（邮件）／chuyển tiếp email

2 横を見ながら運転すると危ないですよ。

運転：driving ／驾驶／lái xe

3 郵便局へ行って荷物を発送した。

発送：sending ／邮寄／gởi

33 4 友達に文化祭を見に行こうと誘われた。

誘う：to invite ／邀请／mời, rủ rê

※［意向形（volitional form ／意志形／thể ý chí）］といっしょに使うことが多い。

2 部下から来週月曜日は休ませてほしいと頼まれた。

頼む：to request ／请求／yêu cầu, nhờ

34 1 体調が悪くて食欲がない。

食欲：appetite ／食欲／ngon miệng, thèm ăn

2 この油は食用なので料理に使います。

食用：edible ／食用／thức ăn

3 もうすぐ食事の時間ですよ。

食事：meal ／吃饭, 用餐／dùng bữa, bữa cơm

4 お昼ご飯は近くの食堂で食べます。

食堂：cafeteria ／食堂／nhà ăn

35 4 今より安定した仕事を見つけたい。

安定：stability ／安定, 稳定／ổn định

1 安全のためにヘルメットをかぶりなさい。

安全：safety ／安全／an toàn

2 休みの日は安心してビールが飲める。

安心：peace of mind ／放心, 没有顾虑／an tâm

言語知識（文法）・読解

◆ 文法

問題1

1 4 べき
〜するべき＝〜しなければならない

2 4 にたいして
〜にたいして：regarding 〜／相对于…，与…不同／đối với

3 1 ようでしたら
〜ようなら／〜ようだったら：「〜ようだ」＋「〜なら」／「〜たら」。「そのような場合は」という意味。

4 2 にかぎる
〜にかぎる＝〜が最高だ

5 1 を
「道を歩く」「空を飛ぶ」の「を」と同じように、「（期間：period (of time)／期间／thời gian）を過ごす」という。

6 2 せっかく
せっかく：at great pains／难得／cất công, mất công, cố công

7 3 ことだ
〜ことだ＝〜したほうがいい

8 3 集まりしだい
〜しだい＝〜したらすぐに

9 2 歩くしかない
〜しかない＝〜以外に方法がない

10 2 である
〜かのように：「本当は〜ではないが、〜みたいに」という意味。〜には動詞の[辞書形]か[た形]が入る。

11 4 吸うな
「禁煙」と書いてあったら、「ここでたばこを吸わないでください」という意味。禁止（prohibition／禁止／cấm）の形は「吸うな」。

12 2 つけたまま
〜まま：ある状態が続いていること（continuing to remain in the same state／某种状态一直持续／tình trạng nào đó được duy trì）を表す。前が「〜を」なので、「ついたまま」ではなく「つけたまま」を選ぶ。

13 4 はずがない
〜はずだ＝きっと〜だと思う
〜はずがない＝〜ないと思う

問題2

14 3
週末に 4うちの店で 1アルバイトをして 3くれる 2留学生 を探しています。

15 3
どんなにつらくても、生きていかなければならない。4生きて 2いる 3から 1こそ 喜びもあるのだ。
〜からこそ：理由の強調（emphasizing the reason／强调理由／nhấn mạnh lý do）。

16 2
お客さんから、スタッフの 4あいさつに 1元気がない 2という 3クレーム があった。

文字・語彙　文法　読解　聴解

17 4
私の　2恋人　1ほど　4かわいい人　3は
いない。
～ほど…は いない／ない＝～が1番…だ。

18 3
この図の　2とおりに　1紙を　4折って　3み
て　ください。
～のとおりに：in accordance with ～／按照…
／theo như...
～てみる：to try ～／试着做…／làm...thử

問題3

19 4 なぜかというと
［接続詞（conjunction／接续词／liên từ)］
の問題では、前後をよく見ること。
この問題では、前が「温泉には行きたくないと
思っていました」で、後が「私の国にはない習
慣で～恥ずかしいと思ったから」なので、［理
由（reason／理由／lý do)］を表す表現を
入れる。

20 2 によると
～によると：according to ～／根据…（表示消
息的出处）／theo như ...

21 3 楽しめるようになりました
楽しむ：to enjoy／享受／yêu cầu
～ようになる：状態が変化すること（changing
of conditions／表示状态发生改变／trạng
thái thay đổi）を表す

22 2 このような

23 4 何より
前後を見ると、前にも後にも温泉のいいところ
が書いてあるので、「添加（addition／添加／
thêm vào)」のことばを入れる。

◆ 読解

問題4

(1) 24 2

> **1線香花火は手で持つタイプの花火**で、火をつけると火の玉ができます。火花は小さく、木の小枝のようにパチパチと飛び散り、だんだん弱くなって最後には火の玉がポトっと落ちます。**2火花が長く続くようにするには、火をつける前に火薬が入っている部分を指で軽く押さえて空気を抜くといい**ようです。また、新しい花火より**31年前の花火のほうが、火薬が中でよくなじんで安定したきれいな花火が見られる**という人もいます。**4余ったら袋に入れて、冷暗所に置いておく**といいでしょう。

1　線香花火は手で持つもの

2　○

3　1年前の花火のほうがきれいに見られる

4　冷暗所に入れるのは、余った線香花火。また、冷蔵庫と冷暗所は違う

えよう

□余る：to be left over ／余下，剩下／ dư thừa

(2) 25 4

> みなさま
>
> お疲れさまです。
>
> 明日の7：00から10：00に**1電気設備の交換工事が予定されています**。
>
> その時間はビル全体で電気が止まります。
>
> つきましては、明日の始業時間は10：00とします。
>
> **2部長会議は9：30からの予定でしたが、10：30からに変更します。**
>
> 朝は停電のため、電話やWi-fiがつながらなくなります。
>
> **3必要に応じて、社外の人に伝えてください。**
>
> **4今日は、パソコンの電源は切って帰ってください。**
>
> よろしくお願いします。
>
> 関口

1　工事をするのは社員ではない

2　会議をするのは部長だけ

3　社外の人に伝えるのは、必要な人だけ

4　○

第1回

文字・語彙

文法

読解

聴解

えよう

□停電：power outage ／停电／ cúp điện, mất điện
□必要に応じて：as necessary ／根据需要／ khi cần thiết

(3) 26 1

ジュースなどを飲むのに、ストローを使って飲む人は多いでしょう。しかし今、このストローがよくないという意見が世界中で増えています。原料であるプラスチックがごみとなり、海を汚し、そこに住む生物に悪い影響を与えているのです。

このため、プラスチックのストローを使うのをやめようという運動が始まっています。そのかわりに考えられたのが、紙や木からつくられたストローです。これらはすでにいくつかのコーヒーショップやレストランなどで使われていますが、値段が高いことが問題です。これについては今後解決しなければなりません。

えよう

□環境：environment ／环境／ môi trường
□影響：influence ／影响／ ảnh hưởng
□運動：exercise ／运动／ vận động
□解決：solution ／解决／ giải quyết

文章を書いた人がいいたいのは

・プラスチックのストローは環境によくない→3は✗

・紙や木からつくられたストローは値段が高くて問題だ→4は✗

・ストローを使う場所は関係ない→2は✗

(4) 27 1

学生のみなさん

駐輪場の工事について

1月28日より2月12日まで工事を行うので、現在利用している北駐輪場と南駐輪場は利用できません。

1自転車は東駐輪場に、オートバイは西駐輪場に停めてください。

どちらの駐輪場も朝7時に門が開きます。**4それ以前に利用したい場合は、学生課に申し込みをしてください。**特別に職員用駐輪場を利用できます。

なお、すべての駐輪場は**2夜9時に閉まります。それ以降は自転車・オートバイを出せません**のでご注意ください。

学生課

2 夜9時からあとはどちらも出せない

3 期間中はどの日も利用できない

4 朝7時前に利用する場合は申し込みが必要

えよう

□以降：thereafter ／以后，之后／ từ... trở đi/ về sau
□申し込み：application ／申请／ đăng ký

問題5

(1) **28** 2　　**29** 1　　**30** 3

日本は地震が多い国だから考えておかなければならないことがある。地震がおこったときにまずどうするかということと、地震がおこる前に何を準備しておくかということだ。

実際に揺れを感じたら、**28** まず机やテーブルなどの下にかくれる。そして揺れが止まった後、台所で火を使っていたら消して、それから安全な場所へ逃げる。**29** 逃げる場所は、市や町が決めた学校などが多いので、確認しておく必要がある。これについては事前に家族で話し合い、実際に一度、家から①そこまで歩いておくのもいいだろう。

また、**30** 地震がおこる前に重要なのは、食料と水の用意だ。少なくとも、3日分の量が必要だと言われている。私がすすめる方法は、それらを特別に買って保存するのではなく、いつもより少し多めに買い、使ったらまた足すという方法だ。食料は料理しなくても食べられるものがいいだろう。

このように、普段の生活の中で、地震に対する②準備をしておくことが必要なのだ。

28　地震→2→3→1。4は地震の前にしておくこと

29　家から逃げる場所まで歩いておく。逃げる場所は、市や町が決めた場所

30　確保する＝用意する

えよう

□実際：actuality ／实际，的确，真的／ thực tế
□確認：confirmation ／确认／ xác nhận
□事前：beforehand ／事前／ trước
□重要：important ／重要／ trọng yếu
□保存：preservation ／保存／ bảo tồn, lưu
□普段：usual ／平时，日常／ thông thường, thường ngày

(2) 31 4　　32 1　　33 3

　　レトルトカレーは、数分温めるだけで簡単にカレーが食べられる商品です。レトルトという技術ははじめ、アメリカで**31軍隊が遠くへ出かけるときに持っていく携帯食として開発**され、アポロ11号の宇宙食にも使われたことがあります。日本の企業がそのレトルト技術を研究し、家庭の食品用に利用したのです。

　　製造の工程を見ると、レトルトカレーは三重構造になっている特別な容器に入れられ、真空パックされます。このとき、**32材料の肉は先にゆでられます**が、野菜はまだ生のままです。そのあと、圧力が加えられ120度の温度で35分間、加熱して材料に火を通し、菌を殺します。こうすることで、**33約2年間も保存することができます。**

　　レトルトカレーの材料は、一般的なものから変わったものまでいろいろあり、日本各地の名産品が使われることも多くあります。食感や甘さなど、それぞれの名産品の良さをいかして、新しい味のレトルトカレーがたくさん作られています。

31　レトルトカレーは軍隊が遠くへ出かけて料理ができないときのために開発された

32　ゆでる＝お湯に食べ物を入れて熱を加えること

33　レトルトカレーはアメリカで開発され、日本の企業が家庭の食品用に利用した。約2年保存が可能

問題6

34 4　　35 3　　36 4　　37 2

　　風呂敷というのは、四角い布のことで、物を包むのに使います。**34包んだものを運んだり、しまったり、人に贈ったり、幅広い使い方があります。**しかし、最近では物を運ぶのには紙袋やレジ袋が、物をしまうのにはプラスチックの箱や段ボール箱が使われるようになり、風呂敷は昔ほど使われなくなりました。

　　風呂敷のように、四角い布を生活の中で広く利用する習慣は、世界のいろいろな地域で見られます。日本では奈良時代から使われていたことがわかっていますが、風呂敷という言葉は江戸時代に広がりました。**35風呂で脱いだ服を包んだり、風呂から出るときに床に敷いたりしたことから、そう呼ばれるようになりました。**その後、風呂以外でも、旅の荷物やお店の商品を運ぶのに使われるようになりました。風呂敷は、包むものの大きさによって、いろいろな大きさが

34　文章の最初に風呂敷の説明があるので、選択肢と同じ内容が書かれているところを探す

35　「そう呼ばれるようになりました」の直前をチェックする

あります。包み方を変えれば、長いものや丸いものなど、**36** <u>いろいろ</u>な形のものも上手に包んで運ぶことができます。

　最近では環境破壊が問題になっていますが、風呂敷は何度もくり返し使えるため、エコバッグとして見直されています。物を包むだけではなく、物の下に敷いたり、壁にかけたりすれば、インテリアとしても活用することができるのです。

問題7

38 2　　**39** 3

環境学習リーダーになろう！

受講料無料　定員20名

★環境や自然に興味があり、何か活動を始めたい！
★自然のすばらしさを子どもたちに伝えたい！
★環境分野で社会のために何かしたい！

講座を修了すると、「市の環境学習指導者」に登録できます。登録者には市が、環境教室の講師やアシスタントをお願いします。

	日程・場所		講座名	内容
1	7/20 土	市役所 (中区)	10:30～12:00 オリエンテーション	講座の説明と参加者の自己紹介
			13:00～14:30 環境問題とは	環境問題と市内の現状について学び、どんな対策が必要か考えます。
2	8/3 土	緑化センター (東区)	10:00～12:00 自然観察の体験	環境学習のときの、自然観察の方法を森林公園で学びます。
			13:00～14:30 リスク管理	外で楽しく活動するための、安全管理を学びます。
3	8/24 土	ソーラー館 (西区)	10:00～12:00 地球温暖化について	地球温暖化のしくみや現状を知り、市の取り組みを学びます。
			13:00～14:30 自然エネルギー	地球にやさしい省エネをしながら、気持ちよく生活する方法を学びます。
4	9/21 土	清掃工場 (北区)	10:30～12:00 清掃工場の見学	市内で出るごみの現状を学びます。
			13:00～14:30 ごみ減量対策	ごみの減らし方と市内での取り組みについて学びます。
5	10/5 土	市役所 (中区)	10:00～12:00 成果発表の準備	講座の成果発表の準備をします。
			13:00～15:00 成果発表	学んだことをプレゼンテーション形式で発表します。

【応募資格】市内に在住または通勤、通学する18才以上の方で、環境教育や環境保護活動を実践する意欲のある方。
【申込方法】申込用紙に必要事項を記入して、7/6（土）までに市役所環境課へ提出してください（直接・Fax・Eメール）。

36
1　風呂敷は四角
2　四角い布を利用する習慣は世界各地にあるが、風呂敷は日本の文化
3　風呂敷は奈良時代から現在まで使われている
4　〇

37　引っ越しの話はない

38　毎回会場が違うので2が正しい。3は、市民ではなくても、市内に通勤・通学していれば参加できる。4は、直接・fax・Eメールで申し込める

39　水力発電や風力発電でつくった電力を「自然エネルギー」と呼ぶ

文字・語彙

文法

読解

聴解

聴解

問題1

れい　4

🔊 N3_1_03

大学で女の人と男の人が話しています。男の人は何を持っていきますか。

F：昨日、佐藤さんのお見舞いに行ってきたんだけど、元気そうだったよ。

M：そっか、よかった。僕も今日の午後、行こうと思ってたんだ。

F：きっとよろこぶよ。

M：何か持っていきたいんだけど、ケーキとか食べられるのかな。

F：足のケガだから食べ物に制限はないんだって。でも、おかしならいろんな人が持ってきたのが置いてあったからいらなさそう。ひまそうだったから雑誌とかいいかも。

M：いいね。おすすめのマンガがあるからそれを持っていこうかな。

男の人は何を持っていきますか。

1ばん　1

🔊 N3_1_04

女の人と男の人が駐車場の精算機の前で話しています。男の人はこのあとすぐ何をしますか。

F：この駐車場、どうやってお金を払うんだっけ？

　　　　　　　　　　　　　　　　　　　　　　　　　　　　　1　○

M：この1機械の画面に車をとめている場所の番号を入力するだけだよ。

048

F：わかった。あ、**3このビルで買い物**したら2時間無料だって！

M：本当だ。「**4レシートのバーコードをここに当ててください**」？

F：レシートまだ持ってる？

M：あ、しまった、さっき**2トイレに行ったときいらないと思って捨ててきちゃった**。

F：そうなの？　じゃ、しょうがないね。

M：今度来るときはレシート取っておくようにするよ。

男の人はこのあとすぐ何をしますか。

2~4 このビルで買い物したときのレシートがあれば2時間無料。しかし、この男の人はレシートを捨ててしまった。

⭐覚えよう

□駐車場：parking lot ／停车场／ bãi đỗ xe
□精算機：fare adjustment machine ／自助缴费机／ máy tính tiền tự động
□お金を払う：to pay money ／付钱／ trả tiền
□画面：screen ／画面／ màn hình
□入力：input ／输入／ nhập vào
□レシート：receipt ／收据／ biên lai

2ばん　3

🔊N3_1_05

女の人と男の人が話しています。女の人はこのあと何をしますか。

F：さっきのお店でかわいいバッグ見つけちゃった。

M：へえ。どんなバッグ？

F：今年はやってるデザインで、学校のファイルとかも入れやすそうなの。

M：今持ってるそのバッグもすてきだけど？

F：うん、気に入ってるけど、もう一つあってもいいかなと思って。

M：それなら、今すぐ買わなくてもいいんじゃない？　いくら？

F：**2値段はもうチェックした**けど、大丈夫、お金あるし。

M：今度の週末まで待って、それでもやっぱりほしいと思ったらまた買いに来れば？

1 会話中にない。

2 チェック＝確認。

文字・語彙

文法

読解

聴解

F：え〜。だって**4今セールって書いてあった**から。

M：セールは週末までやってるから安心して。

F：そう？　**3じゃ、そうしようかな。**

女の人はこのあと何をしますか。

3　「そうしようかな」の「そう」は、「週末まで待つ」のこと。

4　セールは始まっている。

⭐覚えよう

- [ ] はやる：to come into fashion ／流行／ thịnh hành
- [ ] すてき：wonderful ／好的，棒的／ tuyệt vời
- [ ] セール：sale ／大减价／ hàng giảm giá, hạ giá

3ばん　2　　　　　　🔊 N3_1_06

女の人と男の人がバレエの公演について話しています。女の人はこのあと何をしますか。

F：見てみてこのチラシ。来月の連休にロシアの有名なバレエ団が来るんだって！　**1もうチケット取っちゃった。**

M：そんなに好きなんだ。

F：うん、今はやめちゃったけど、小さいころバレエやってて、今もときどき見に行くの。

M：へえ。会場は…、え、ちょっと遠くない？　新幹線で2時間ぐらいかかるよ。

F：そうなんだけどね、でもロシアのバレエは日本じゃなかなか見られないから絶対見たいの。

M：すごいね。**2新幹線の席も予約しておいたら？**　連休だしきっと混んでるよ。

F：そっか、そうだね。

M：バレエもストーリーがわかったら楽しめるんだろうな。**4僕もちょっと勉強しようかな。**

F：興味があったらまた言って。バレエの情報はたくさんもってるから。

女の人はこのあと何をしますか。

1　チケットはすでに持っている

2　このあと、女の人が「そっか、そうだね」と同意（agreement ／同意／ đồng ý）している

3　今回の情報はすでに持っている。そのほかの公演の情報はとくに今調べる必要はない

4　バレエについて勉強しようと思っているのは男の人

★覚えよう

□公演：public performance ／公演，演出／ công diễn
□チケット：ticket ／票／ vé
□チラシ：leaflet ／宣传单／ tờ rơi

4ばん　4

🔊 N3_1_07

男の人とカフェの店員がWi-fiについて話しています。男の人はこのあとすぐ何をしますか。

M：あの、無料でWi-fiが利用できるって聞いたので、試しているんですがちょっとつながらなくて…。

F：Wi-fiの設定のところ、こちらのIDは出てきますか。

M：**1はい**。そのあとの**2パスワード入力**がよくわからないんです。

F：Wi-fiパスワードは毎日変わりまして、レシートに表示されます。

M：あ、そうなんですね。**4もう財布にしまっちゃった。探してみます。**

F：見つからなかったらおっしゃってください。

男の人はこのあとすぐ何をしますか。

1 Wi-fiのIDが出る（表示されている）か聞かれて、「はい」と答えている。

2 パスワードはまだわからない

3 会話に出てこない

4 パスワードはレシートに書いてある→レシートは財布にしまった→これからレシートを探す

★覚えよう

□試す：top test ／试，尝试／ thử, thử nghiệm
□つながる：to be connected ／连接／ nối, kết nối
□設定：setting ／设定／ cài đặt, thiết lập
□ID（アイディー）：identification ／账号／ mã tài khoản
□パスワード：password ／密码／ mật mã
□入力：input ／输入／ nhập vào
□表示：indication ／表示／ hiển thị

おんな ひと と しょかん ひと はな おんな ひと なに
女の人と図書館の人が話しています。女の人はこのあとすぐ何をし
ますか。

F：すみません、この本、昨日までに返さないといけないことを忘れ ─┐　　1　会話の最初で本を
　　ていて…。　　　　　　　　　　　　　　　　　　　　　　　　　　　　　　　　返した
　　　　　　　　　　　　　　　　　　　　　　　　　　　　　　　　　　　　　　2　会話に出てこない
M：ちょっと確認しますね。失礼します。…はい、では今日ご返却と
　　いうことでお預かりします。　　　　　　　　　　　　　　　　　　　　─┘

F：申し訳ありませんでした。

M：いえ、他の方の予約も入っていませんでしたので、今日は大丈
　　夫ですよ。今後気をつけてくださいね。

F：はい、気をつけます。他にも2冊借りているんですが、すみませ
　　ん、そちらの返却期限は、いつかわかりますか。　　　　　　　　─　3　○

M：**3図書館の利用者カードをお借りしてもよろしいでしょうか。4記**─┐
　　録を確認します。　　　　　　　　　　　　　　　　　　　　　　　　　　　　─┘
　　　　　　　　　　　　　　　　　　　　　　　　　　　　　　4　記録を確認するの
F：お願いします。　　　　　　　　　　　　　　　　　　　　　　　　　　　　は図書館の人

おんな ひと なに
女の人はこのあとすぐ何をしますか。

 えよう

□返却：return of something ／归还／ hoàn trả
□期限：period ／期限／ thời hạn
□お〜してもよろしいでしょうか。：「〜てもいいですか」のていねいな言い
　方。
□記録：record ／记录／ ghi chép

テニス教室で女の人と受付の人が話しています。女の人は来週水曜日に何を持ってこなければなりませんか。

F：すみません、テニスを習いたいんですけど。

M：はい。では、こちらの教室について説明します。どのクラスもレッスンは週に1回で、**レッスン料が1か月8000円です。会員になるときに6000円**いただいているんですが、いまちょうどキャンペーン期間中なので、今月中、**つまり来週水曜日までに会員になっていただければ、6000円は無料**になります。

F：そうですか。今日、申し込んで、お金はあとでもいいですか。

M：はい。水曜日までに払っていただければけっこうです。

F：じゃ、お願いします。水曜日は来られるので。その日からレッスン、受けられますか。

M：はい。ラケットとくつは持っていらっしゃいますか。無料でお貸しすることもできますが。

F：**くつは持っているので自分のを使います。　ラケットはお借りします。**

M：わかりました。それでは、水曜日にお待ちしています。

女の人は来週水曜日に何を持ってこなければなりませんか。

⭐覚えよう
□〜料：〜 fee ／…的費用／ tiền〜
□会員：member ／会员／ hội viên
□期間中：during the period ／期间／ trong suốt thời gian
□無料：free ／免费／ miễn phí
□申し込む：to apply ／申请／ đăng ký
□ラケット：racket ／球拍／ vợt

レッスン料8000円→必要

会員になるお金6000円→キャンペーン期間中で無料

くつ→必要

ラケット→教室で借りる

第1回

文字・語彙

文法

読解

聴解

問題2

れい　4

🔊 N3_1_11

日本語学校の新入生が自己紹介しています。新入生は、将来、何の仕事がしたいですか。

F：はじめまして、シリンと申します。留学のきっかけは、うちに日本人の留学生がホームステイしていて、折り紙を教えてくれたことです。とてもきれいで、日本文化に興味を持ちました。日本の専門学校でファッションを学んで、将来はデザイナーになりたいと思っています。どうぞよろしくお願いします。

新入生は、将来、何の仕事がしたいですか。

1ばん　3

🔊 N3_1_12

男の人と女の人がインフルエンザについて話しています。冬にインフルエンザのウイルスと戦うには、何がよいと言っていますか。

M：毎年冬になるとインフルエンザがはやるけど、どうして冬なのか知ってた？

F：だって寒いからでしょ。夏と違って、空気も乾いてるし。

M：そうそう。空気が乾いてると、ウイルスが長い時間空気の中を飛び回ることができるんだって。

F：へえ。

M：温度も関係していてさ、ウイルスが増えるのに一番いい温度は33度ぐらいなんだって。人の体温は37度ぐらいだけど、冬、冷たい空気に触れている鼻やのどはちょうどそのぐらいなんだね。

F：冬はウイルスが増えやすい条件がそろってるってわけね。

M：それに、太陽の光に当たる時間も少なくて、体の中のビタミンDが少なくなるんだ。

F：ビタミンD？

M：うん、ビタミンDはインフルエンザのウイルスと戦う力を持ってるんだって。

会話の流れ

冬は太陽の光に当たる時間が短くなる

↓

体の中のビタミンDが少なくなる

↓

インフルエンザウイルスと戦えない

F：そっか。寒い冬でも外で元気に運動して、太陽の光を浴びてると、抵抗力もつくんだね。

冬にインフルエンザのウイルスと戦うには、何がよいと言っていますか。

★覚えよう

□インフルエンザ：influenza ／流感／ cảm cúm
□ウイルス：virus ／病毒／ vi rút
□飛び回る：to fly around ／飞来飞去／ bay quanh
□温度：temperature ／温度／ nhiệt độ
□湿度：humidity ／湿度／ độ ẩm
□体温：body temperature ／体温／ thân nhiệt, nhiệt độ cơ thể
□触れる：to touch ／碰，接触／ tiếp xúc
□条件：condition ／条件／ điều kiện
□戦う：to wage war ／斗争，对抗／ chiến đấu, chống lại
□抵抗力：resistance ／抵抗力／ sức đề kháng

2ばん　2

🔊 N3_1_13

正社員→アルバイト→フリーランスの話をしている。

女の人が、働き方について話しています。フリーターはどのような人だと言っていますか。

F：社会にはいろいろな仕事があり、働き方にもいろいろあります。正社員は、ずっと同じ会社で働く約束をした人たちで、長い間働いて経験が増えるほど、給料も高くなるのが普通です。アルバイトは、仕事を始めたりやめたりするのは正社員より簡単です。アルバイトで生活のお金を作っている人のことをフリーターといいます。正社員に比べると収入が少ないのが問題になっています。フリーランスは、一つの会社に入らないで仕事をする人のことです。自分で自分をアピールして仕事をもらってこなければいけませんが、たくさんかせぐことも可能です。

フリーターはどのような人だと言っていますか。

フリーターはアルバイトで稼いでいる人のこと

★覚えよう

□正社員：full-time employee ／正式员工／ nhân viên chính thức
□給料：salary ／工资／ lương
□収入：income ／收入／ thu nhập
□稼ぐ：to earn (income) ／挣钱／ kiếm tiền

3ばん　4

女の先生が小学生に、社会見学について話しています。この先生が小学生にもっとやってもらいたいことは何ですか。

F：来週、ピアノ工場に見学に行きます。電車を使って近くの駅まで行って、そこから工場までは歩いていきます。電車の中の**1マナーについてはこの前勉強しましたね。**静かにして、お年寄りがいたら席をゆずりましょう。話を聞くときはどうですか。先月、郵便局に見学に行ったとき、みなさん、郵便局の人の**3話を静かに聞けました。とてもよかったです。**でも、**4もっと質問をしてもいいかなと思いました。**自分がわからないと思ったこと、どうしてだろうと思ったことを、どんなことでも聞いてみてください。

小学校の先生が小学生にもっとやってもらいたいことは何ですか。

1 勉強した

2 先生は言っていない

3 もうできている

4 ○

⭐ 覚えよう

□ 見学：study by observation ／参观学习／ tham quan học tập

□ マナー：manners ／礼貌，礼节／ tác phong

□ お年寄り：elderly person ／老年人／ người lớn tuổi

□ ゆずる：to hand over ／让／ nhường

4ばん　3

男の人が小学生に、お金をかせぐ方法について話しています。将来お金を増やすために、今できることは何だと言っていますか。

M：お金持ちになるために**3一番大事なことは、人から信じてもらえる人になることです。**そのためには、時間を守ったり、自分の仕事を最後まできちんと終わらせることが必要です。また、好ききらいをせずに、頼まれた仕事はどんな仕事でもやってみるという姿勢も大事です。このような姿勢はみなさんのいつもの生活で練習することができます。朝は自分で早く起きて学校に行く、夏休みの宿題を早めに終わらせる、**4家族からお願いされた仕事を忘れずにやる、**など、小さいことの積み重ねが練習になるのです。

将来お金を増やすために、今できることは何だと言っていますか。

1 男の人は言っていない

3 ○

4 回数ではなく、きちんとやることが大事

覚えよう

□かせぐ：to earn (income) ／挣钱／ kiếm tiền
□信じる：to believe ／相信，信赖／ tin tưởng
□きちんと：properly ／规规矩矩地／ chỉn chu, gọn gàng, đâu ra đấy
□好ききらい：likes and dislikes ／好恶，挑剔／ yêu ghét
□姿勢：posture ／态度／ tư thế
□積み重ね：accumulation ／积累／ chất đống, tích cóp

5ばん　1

🔊 N3_1_16

男の人がケアマネージャーにインタビューしています。ケアマネージャーの仕事は何ですか。

M：渡辺さんは、ケアマネージャーをされているということですが、すみません、ケアマネージャーはどんな仕事をするんでしょうか。

F：そうですね…。例えば、お年寄りが病気になった場合、どうすると思いますか。

M：病院に行きます。

F：はい、多くの方は病院に行きますが、病院に行くことが難しい方や、病院に行きたくない、と思われる方もいます。そのような方のために、医者がご自宅に行って病気をみる、「在宅医療」という仕組みがあります。

M：「在宅医療」ですか?

F：はい。病院に行かなくても、医者や看護師が自宅に行ったり、**4薬剤師さんという人が薬を届けて**飲み方を教えてくれたりします。

M：たくさんの人が協力して、一人のお年寄りをみているんですね。

F：はい、そこで大事なのがたくさんの人をまとめる役、ケアマネージャーなんです。

ケアマネージャーの仕事は何ですか。

会話の流れ

病院ではなく、本人の家で病気をみる「在宅医療」という仕組みがある。

↓

たくさんの専門家が協力している

↓

ケアマネージャーはたくさんの人をまとめる仕事

2と3は病院のことなので✘

4　薬を運ぶのは薬剤師

文字・語彙

文法

読解

聴解

★覚えよう

- □インタビュー：interview ／采访／phỏng vấn
- □自宅：one's home ／自己的家／nhà mình
- □仕組み：mechanism ／运作方式／cơ cấu, tổ chức, cơ chế
- □協力：cooperation ／协作，合作／hợp tác, hiệp lực
- □まとめる：to bring together ／整理，统合／tập hợp

6ばん　4

🔊 N3_1_17

ラジオで女の人が、博物館について話しています。よい博物館とはどんな博物館だと言っていますか。

F：仕事でもしゅみでもよく博物館に行くのですが、この前行った博物館のことでお話ししたいことがあります。その博物館は、展示も説明もまあまあでしたが、働いている方のことが心に残りました。私がふと思ったことを質問したのですが、そのスタッフの方はノートを広げて確認しながらていねいに質問に答えてくれました。3お客様への対応マニュアルかなと思ったのですが、話を聞くと、お客様から受けた質問について毎回メモをとり、そのあと自分できちんと調べてまとめているのだそうです。4このような人が働いている博物館は頼りになりますし、とてもよい博物館だと思います。

よい博物館とはどんな博物館だと言っていますか。

1・2 女の人は話していない

3 「～と思ったのですが、…」というときは、実際は～ではなかった、ということが多い

4 ○

★覚えよう

- □博物館：museum ／博物馆／bảo tàng
- □展示：exhibit ／展示，展出／triển lãm
- □心に残る：to be memorable ／印象深刻／ấn tượng đọng lại trong lòng
- □ふと：suddenly ／一下，忽然／đột nhiên, bất chợt
- □ノートを広げる：to spread one's notes ／翻开笔记本／lật tập, mở tập vở ra
- □対応：support ／对应／xử lý, đối ứng
- □マニュアル：manual ／手册，指南／sổ tay hướng dẫn, cẩm nang
- □メモをとる：to take a memo ／记笔记／ghi chú

問題3

れい　3

🔊 N3_1_19

日本語のクラスで先生が話しています。

M：今日は「多読」という授業をします。多読は、多く読むと書きます。本をたくさん読む授業です。ルールが3つあります。辞書を使わないで読む、わからないところは飛ばして読む、読みたくなくなったらその本を読むのをやめて、ほかの本を読む、の3つです。今日は私がたくさん本を持ってきたので、まずは気になったものを手に取ってみてください。

今日の授業で学生は何をしますか。

1　先生が本を読むのを聞く

2　辞書の使い方を知る

3　たくさんの本を読む

4　図書館に本を借りに行く

1ばん　2

🔊 N3_1_20

男の人が会社の研修で、機械について話しています。

M：若い人たちに機械加工を教えるときには、実際に機械を使わせることが大事です。でも、基本的な安全マニュアルやルールをやぶって、小さい切り傷を作ったりすることはよくあります。それでも「経験しなければわからない」では困ります。<u>機械を使うときは、どのような危ないことがあるのかを知ったうえで作業する、安全マニュアルはそのような危険がないようにするためのものである、ということを教え</u>なければなりません。

男の人は、機械のどんなことについて話していますか。

1　若い人が機械を使えないこと

2　危険を知ってから機械を使うこと

3　危険のない機械を開発すること

4　使う人の年齢に合わせて機械が開発されていること

危ないこと＝危険。知ったうえで＝知ってから。
→2が正しい

覚えよう

□研修：training ／进修／ thực tập, huấn luyện
□加工：processing ／加工／ gia công
□基本的：basically ／基本的／ một cách cơ bản
□（約束やルールを）やぶる：to break (a promise, a rule) ／毁约，打破（规则）／ phá vỡ (quy tắc, lời hứa…)
□切り傷：cut ／刀伤，割伤／ vết cắt, vết đứt
□どのような～のか：what kind of ～／什么样的…／ biết dường nào, biết chừng nào
□～うえで：upon ～／在…的基础上／ trên cơ sở...
□作業：work ／操作，工作／ thao tác, làm việc

2ばん　4

🔊 N3_1_21

女の人が市民講座で、デザインについて話しています。

F：みなさんがいすを作るとしたら、どんなデザインを考えますか。今までにない新しいデザインでしょうか。安い材料で簡単に作れるデザインだったら、一度にたくさん作れるかもしれません。でも、**使ってもらわないと意味がありません。** そこでまず、お客さんの使い方を考えます。例えば、会社のいすは、長く座っても疲れないデザインがいいですね。レストランのいすは、リラックスできるものを、病院のいすは、菌に強い材料を使うといいと思います。

女の人は、デザインについて何が大事だと言っていますか。

1　いつも新しいデザインを考えること
2　作るときにお金がかからないデザインを考えること
3　一度に多くの製品を作れるデザインを考えること
4　使われ方をイメージしてデザインを考えること

「意味がない (meaningless ／毫无意义／ không có ý nghĩa)」は強い言葉。使われることが大事だと［強調 (emphasis ／强调／ nhấn mạnh)］している。

覚えよう

□デザイン：design ／设计／ thiết kế
□～としたら＝～場合は、～なら
□材料：ingredient ／材料／ vật liệu
□リラックス：relax ／放松／ thư giãn

060

3ばん　1

男の学生と女の留学生が車について話しています。

M：車には、運転席が右側にある、右ハンドルの車と、左側にある、左ハンドルの車があるよね。どうしてか知ってる?

F：アメリカやヨーロッパで左ハンドルの車が多いのは、車が道路の右側を走るからでしょ。反対側から走ってくる自動車がよく見えるように。日本ではその逆で、右ハンドルが多いよね。

M：そうそう。でもそれがどうしてか知ってる?

F：え?　どうして?

M：江戸時代、さむらいが刀を左側にさしていて、刀がぶつからないように道路の左側を歩いたんだって。その後、馬にのるようになっても、馬が車に変わっても、その習慣が残ったというわけ。

男の学生は、日本の車の何について話していますか。

1　右ハンドルが多い理由

2　道路の右側を走る理由

3　馬から車に変わった理由

4　外国の車より安全な理由

覚えよう

☐ハンドル：steering wheel ／方向盘／ tay lái
☐逆：reverse ／相反／ ngược, nghịch
☐ぶつかる：to collide with ／碰，撞／ va chạm, va vào

女の学生が、アメリカやヨーロッパに左ハンドルの車が多い理由を説明
↓
男の学生が、日本の車が道路の左側を走るようになった理由を説明

第1回

文字・語彙

文法

読解

聴解

問題4

れい　2　　🔊 N3_1_24

写真を撮ってもらいたいです。近くの人に何と言いますか。

M：1　よろしければ、写真をお撮りしましょうか。

　　2　すみません、写真を撮っていただけませんか。

　　3　あのう、ここで写真を撮ってもいいですか。

1ばん　2　　🔊 N3_1_25

レストランで食事をしているときに、スプーンをテーブルの下に落としてしまいました。新しいスプーンに変えたいです。お店の人に何と言いますか。

F：1　スプーンを変えてあげたいんですが。

　　2　スプーンを変えてもらえますか。

　　3　スプーンを変えてくれてありがとうございます。

えよう

□〜てもらえますか：ていねいな依頼（polite request ／郑重的请求／cách nhờ vả/ yêu cầu lịch sự)

2ばん　1　　🔊 N3_1_26

駅に行きたいですが、雨が降っています。家族は車を持っているので、駅まで車で一緒に行ってほしいです。何と言いますか。

M：1　駅まで送っていってくれない？

　　2　駅まで送ってきてくれない？

　　3　駅まで送ってみてくれない？

⭐えよう

□〜てくれない？：カジュアル（casual ／轻松，随意 ／ bình dân, thông thường) な依頼（request ／委托，请求／nhờ vả, yêu cầu)

3ばん　3　　🔊 N3_1_27

学校の宿題の内容を忘れてしまいました。先生にもう一度聞きたいです。何と言いますか。

M：1　先生、宿題をもう一度教えられますか。

　　2　先生、宿題をもう一度教えてもいいですか。

　　3　先生、宿題をもう一度教えてくださいませんか。

⭐えよう

□内容：content ／内容／nội dung
□〜てくださいませんか：とてもていねいな依頼（very polite request ／非常郑重的请求／cách nhờ vả, yêu cầu hết sức lịch sự)

4ばん　1

🔊 N3_1_28

仕事中に、子供の調子が悪いと電話がありました。家族はみんな忙しいので、すぐに帰りたいです。仕事の人に何と言いますか。

F：1　すみません、帰ってもよろしいでしょうか。

　　2　すみません、どういうわけか帰りたいんです。

　　3　すみません、どうにか帰ろうと思います。

えよう

□調子が悪い：in bad shape ／身体状況不好／ tình trạng xấu　⇔調子がいい

□〜てもよろしいでしょうか：[許可を求める表現（expression asking for permission ／征求许可的表达／mẫu câu hiển thị sự xin phép một cách lịch sự）]。「〜てもいいですか」のていねいな形

問題5

れい　3

🔊 N3_1_30

M：すみません、会議で使うプロジェクターはどこにありますか。

F：1　ロッカーの上だと高すぎますね。

　　2　ドアの横には置かないでください。

　　3　事務室から借りてください。

1ばん　2

🔊 N3_1_31

F：いらっしゃいませ。（「ピッ」というレジの音）こちらのお弁当、あたためますか。

M：1　いえ、あとでお願いします。

　　2　じゃあ、お願いします。

　　3　どちらでも大丈夫です。

えよう

□あたためる：to heat ／加热／ làm ấm, làm nóng

※コンビニやスーパーでお弁当を買った人に、店員が「あたためますか」と、よく聞く

2ばん　2

🔊 N3_1_32

M：危ないので、近づかないようにしてください。

F：1　いえ、大丈夫です。

　　2　あ、はい、気を付けます。

　　3　はい、もう少し近くで見てみます。

えよう

□近づく：to approach ／靠近／ đến gần, tới gần

3ばん　3　N3_1_33

> F：明日の会議は金曜日に変更になりました。
>
> M：1　いいえ、会議室は同じはずですよ。
>
> 　　2　そうですね、明日か金曜日のどちらかです。
>
> 　　3　わかりました。場所は同じ会議室ですか。

□変更：change／更改／thay đổi

4ばん　1　N3_1_34

> M：あれ？　木村さんはまだですか。
>
> F：1　電車が遅れているそうです。
>
> 　　2　いつも電車で来ますよ。
>
> 　　3　ええ、まだわかりません。

「木村さんはまだ（来ていないん）ですか?」への答えを選ぶ

5ばん　3　N3_1_35

> F：会議、お疲れさまでした。エアコン、消してもいいですか。
>
> M：1　いいえ、つけましょう。
>
> 　　2　すみません、どうやって消すかわかりません。
>
> 　　3　もうひとつ会議があるので、つけておいてください。

□～てもいいですか：[許可を求める表現（expression seeking someone's permission／征求许可的表达／mẫu câu hiển thị việc xin phép）]。

6ばん　2　N3_1_36

> M：すみませんが、この書類を鈴木課長にお渡しください。
>
> F：1　どうぞ、おかまいなく。
>
> 　　2　はい、かしこまりました。
>
> 　　3　失礼いたしました。

□お～ください：ていねいな依頼（polite request／郑重的请求／mẫu cầu đề nghị lịch sự）

□かしこまりました：「わかりました」のていねいな言い方。

7ばん　2　N3_1_37

> F：明日、学校休んで遊ばない？
>
> M：1　なるほど、確かに。
>
> 　　2　そういうのはちょっと…。
>
> 　　3　それはよかったね。

友達に「遊びませんか」と誘うとき、「遊ばない?」と言う。

8ばん　1

M：えっと、どこまで話したっけ？

F：1　昨日、駅で友達に会ったっていうところ。

　　2　昨日、田中さんは駅まで行ったらしいよ。

　　3　このあと3時まで大丈夫です。

何かを話している→別のことが起きる→また元の話に戻るが、どこまで話したかわからなくなってしまった→「どこまで話したっけ？」。答えは「〜ところ」。

9ばん　2

M：タンさん、今日のパーティーに来るでしょうか。

F：1　はい、タンさんが来るおかげです。

　　2　ええ、来るはずですよ。

　　3　昨日、来たばかりです。

「来るはずです」は、「来ると思います」「来る予定です」という意味。

第2回　解答・解説

だい　かい　かいとう　かいせつ

Answers・Explanations／解答・解说／Đáp án・giải thích

ごうかくもし　かいとうようし

N3　げんごちしき（もじ・ごい）

第2回

じゅけんばんごう
Examinee Registration Number

なまえ
Name

問題1

	1	2	3	4
1	①	②	●	④
2	①	②	●	④
3	①	②	●	④
4	①	②	③	●
5	①	②	●	④
6	①	②	●	④
7	①	●	③	④
8	①	②	●	④

問題2

	1	2	3	4
9	①	②	●	④
10	①	②	●	④
11	①	②	●	④
12	①	②	●	④
13	①	●	③	④
14	●	②	③	④

問題3

	1	2	3	4
15	①	②	③	●
16	①	●	③	④
17	①	●	③	④
18	①	●	③	④
19	①	●	③	④
20	①	②	●	④
21	①	②	●	④
22	①	●	③	④
23	①	②	●	④
24	①	●	③	④
25	①	●	③	④

問題4

	1	2	3	4
26	●	②	③	④
27	①	②	●	④
28	①	②	●	④
29	①	②	●	④
30	①	②	③	●

問題5

	1	2	3	4
31	●	②	③	④
32	①	●	③	④
33	①	●	③	④
34	①	●	③	④
35	①	②	●	④

ごうかくもし　かいとうようし

N3　げんごちしき（ぶんぽう）・どっかい

第2回

じゅけんばんごう
Examinee Registration Number

なまえ
Name

〈ちゅうい　Notes〉

1. 〈ろいえんぴつ (HB、No.2) でかいて
ください。
Use a black medium soft (HB or No.2)
pencil.
（ペンやボールペンではかかないでくだ
さい。）
(Do not use any kind of pen.)

2. かきなおすときは、けしゴムできれい
にけしてください。
Erase any unintended marks completely.

3. きたなくしたり、おったりしないでくだ
さい。
Do not soil or bend this sheet.

4. マークれい Marking Examples

よいれい Correct Example	わるいれい Incorrect Examples
●	⊗ ◌ ◯ ⦸ ⊖ ●

問題1

1	①	②	●	④
2	①	●	③	④
3	●	②	③	④
4	①	②	③	●
5	①	●	③	④
6	●	②	③	④
7	●	②	③	④
8	①	●	③	④
9	●	②	③	④
10	①	●	③	④
11	①	②	●	④
12	●	②	③	④
13	①	②	●	④

問題2

14	①	●	③	④
15	●	②	③	④
16	●	②	③	④
17	①	●	③	④
18	①	②	●	④

問題3

19	●	②	③	④
20	①	②	●	④
21	①	●	③	④
22	①	②	③	●
23	①	②	③	●

問題4

24	①	②	●	④
25	①	●	③	④
26	①	●	③	④
27	①	②	③	●

問題5

28	①	②	③	●
29	①	②	③	④
30	●	②	③	④
31	①	②	③	④
32	①	●	③	④
33	●	②	③	④

問題6

34	①	②	③	④
35	①	●	③	④
36	①	②	③	●
37	①	●	③	④

問題7

38	①	②	③	④
39	●	②	③	④

069

ごうかくもし かいとうようし

N3 ちょうかい

じゅけんばんごう
Examinee Registration Number

なまえ
Name

〈ちゅうい Notes〉

1. 〈ろいえんぴつ (HB、No.2) でかいて
ください。
Use a black medium soft (HB or No.2)
pencil.
(ペンやボールペンではかかないでくだ
さい。)
(Do not use any kind of pen.)

2. かきなおすときは、けしゴムできれい
にけしてください。
Erase any unintended marks completely.

3. きたなくしたり、おったりしないでくだ
さい。
Do not soil or bend this sheet.

4. マークれい Marking Examples

よいれい Correct Example	わるいれい Incorrect Examples
●	⊗ ◯ ◯ ◑ ⊖ ⊙

問題1

れい	①	②	③	●
1	①	●	③	④
2	①	②	●	④
3	①	②	●	④
4	①	②	③	●
5	①	②	●	④
6	①	●	③	④

問題2

れい	①	②	③	●
1	①	②	③	●
2	①	②	●	④
3	①	②	③	●
4	①	②	●	④
5	①	②	③	●
6	①	●	③	④

問題3

れい	①	②	●	④
1	①	②	③	●
2	①	②	③	●
3	①	●	③	④

問題4

れい	①	●	③
1	①	●	③
2	①	②	●
3	①	●	③
4	●	②	③

問題5

れい	①	●	③
1	①	●	③
2	①	②	●
3	①	●	③
4	●	②	③
5	●	②	③
6	①	●	③
7	①	●	③
8	●	②	③
9	①	●	③

070

第2回　採点表と分析

		配点	正答数	点数
文字・語彙	問題1	1点×8問	／ 8	／ 8
	問題2	1点×6問	／ 6	／ 6
	問題3	1点×11問	／11	／11
	問題4	1点×5問	／ 5	／ 5
	問題5	1点×5問	／ 5	／ 5
文法	問題1	1点×13問	／13	／13
	問題2	1点×5問	／ 5	／ 5
	問題3	1点×5問	／ 5	／ 5
	合　計	58点		a ／58

60点になるように計算してみましょう。　a ☐ 点÷58×60＝ A ☐ 点

		配点	正答数	点数
読解	問題4	3点×4問	／ 4	／12
	問題5	4点×6問	／ 6	／24
	問題6	4点×4問	／ 4	／16
	問題7	4点×2問	／ 2	／ 8
	合　計	60点		B ／60

		配点	正答数	点数
聴解	問題1	3点×6問	／ 6	／18
	問題2	2点×6問	／ 6	／12
	問題3	3点×3問	／ 3	／ 9
	問題4	3点×4問	／ 4	／12
	問題5	1点×9問	／ 9	／ 9
	合　計	60点		C ／60

A B C のうち、48点以下の科目があれば
解説や対策を読んでもう一度チャレンジしましょう（48点はこの本の基準です）

※この採点表の得点は、アスク出版編集部が問題の難易度を判断して配点しました。

言語知識（文字・語彙）

問題1

1 4 おおり
降りる：to disembark ／（从交通工具上）下来／ xuống
🗣 1 ⇔乗る
　　2 降る　例　雨が降る。雪が降る。

2 4 かくにん
確認：confirmation ／确认／ xác nhận

3 4 ずつう
頭痛＝頭が痛い
🗣 2 腹痛＝お腹が痛い

4 2 いのち
命：life ／命，生命／ sinh mệnh
🗣 1 富：wealth ／资源，财富／ của cải, sự giàu có
　　3 夢：dream ／梦，梦想／ giấc mơ, ước mơ
　　4 愛：love ／爱／ tình yêu

5 3 たいふう
台風：typhoon ／台风／ bão

6 4 じつりょく
実力：true strength ／实力／ thực lực
🗣 2 みりょく：charm ／魅力／ sự hấp dẫn

7 1 おうだん
横断：crossing ／横穿／ sự băng qua
□ 横：horizontal ／旁边／ bề ngang, bên cạnh

8 3 ほうこく
報告：report ／报告／ báo cáo

問題2

9 4 泊まった
泊まる：to stay at ／住宿，投宿／ trọ lại, trọ
🗣 1 住む：to reside ／住／ sống, sinh sống
　　2 宿：lodging ／旅馆，旅店／ chỗ trọ, chỗ tạm trú
　　　宿→宿泊：lodging ／住宿，投宿／ ngủ trọ, trọ lại
　　3 留→留学：studying abroad ／留学／ du học
　　　　　留守：being away from home ／不在家，外出／ vắng nhà

10 3 積極的
積極的：proactive ／积极／ một cách tích cực
⇔消極的
🗣 1 説→説明：explanation ／说明／ giải thích
　　2 績→成績：results ／成绩／ thành tích
　　3 接→直接：direct ／直接／ trực tiếp

11 3 感動
感動：being deeply moved ／感动／ cảm động
🗣 1 感情：emotion ／感情／ tình cảm, cảm xúc
　　2 感心：admiration ／钦佩，佩服／ cảm phục, ngưỡng mộ
　　4 感想：impressions ／感想／ cảm tưởng

12 2 辺り
辺り：vicinity ／附近，周围／ gần, vùng lân cận, vùng
🗣 1 当たり：guess ／中，命中／ chính xác, trúng

当たる<ruby>当<rt>あ</rt></ruby>たる：to guess ／命中／ trúng, va chạm

3 <ruby>周<rt>まわ</rt></ruby>り：surroundings ／附近，周围／ xung quanh

4 <ruby>回<rt>まわ</rt></ruby>る：to revolve ／旋转，绕弯／ quay

13 1 <ruby>復習<rt>ふくしゅう</rt></ruby>

<ruby>復習<rt>ふくしゅう</rt></ruby>：review ／复习／ ôn tập

□<ruby>往復<rt>おうふく</rt></ruby>：making a return trip ／往返／ khứ hồi, cả đi và về

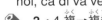 2・4 複→<ruby>複数<rt>ふくすう</rt></ruby>：multiple ／复数／ số nhiều

14 3 <ruby>得意<rt>とくい</rt></ruby>

<ruby>得意<rt>とくい</rt></ruby>：one's strong point ／拿手，擅长／ sở trường, thế mạnh, giỏi

<ruby>問題<rt>もんだい</rt></ruby>3

15 4 <ruby>比<rt>くら</rt></ruby>べました

<ruby>比<rt>くら</rt></ruby>べる：to choose ／比，比较／ so sánh

□<ruby>背<rt>せ</rt></ruby>：stature ／身高／ lưng, dáng vóc

1 <ruby>並<rt>なら</rt></ruby>べる：to line up ／排列／ sắp xếp

2 <ruby>負<rt>ま</rt></ruby>ける：to lose ／输／ thua

3 <ruby>見<rt>み</rt></ruby>つける：to find ／找到／ tìm kiếm

16 2 <ruby>予報<rt>よほう</rt></ruby>

<ruby>予報<rt>よほう</rt></ruby>：forecast ／预报／ dự báo

1 <ruby>予測<rt>よそく</rt></ruby>：prediction ／预测／ dự đoán

3 <ruby>予防<rt>よぼう</rt></ruby>：prevention ／预防／ dự phòng

17 1 <ruby>手間<rt>てま</rt></ruby>

<ruby>手間<rt>てま</rt></ruby>：labor ／时间，劳力／ công sức, thời gian

2 <ruby>勝手<rt>かって</rt></ruby>：one's own convenience ／擅自／ tự tiện, hành động theo ý mình

3 <ruby>時刻<rt>じこく</rt></ruby>：time ／时刻，时间／ thời khắc, thời gian

4 <ruby>世話<rt>せわ</rt></ruby>：looking after ／援助，照顾／ chăm sóc, giúp đỡ

18 2 <ruby>尊敬<rt>そんけい</rt></ruby>

<ruby>尊敬<rt>そんけい</rt></ruby>：respect ／尊敬／ sự tôn kính

4 <ruby>敬語<rt>けいご</rt></ruby>：honorific language ／敬语／ kính ngữ

19 1 <ruby>料金<rt>りょうきん</rt></ruby>

<ruby>料金<rt>りょうきん</rt></ruby>：fee ／费用／ tiền phí

2 <ruby>有料<rt>ゆうりょう</rt></ruby>：not free ／收费／ có thu phí

3 <ruby>通貨<rt>つうか</rt></ruby>：currency ／货币／ tiền tệ

4 <ruby>入金<rt>にゅうきん</rt></ruby>：deposit ／进款／ bỏ tiền vào

20 2 つまって

<ruby>鼻<rt>はな</rt></ruby>がつまる：to have a stuffy nose ／鼻塞／ nghẹt mũi

□<ruby>息<rt>いき</rt></ruby>：breath ／呼吸／ hơi thở

□<ruby>苦<rt>くる</rt></ruby>しい：painful ／难受，痛苦／ khó

1 <ruby>寒<rt>さむ</rt></ruby>くてふるえる：so cold one is shaking ／冷得发抖／ lạnh/ rét run người

3 <ruby>足<rt>あし</rt></ruby>がしびれる：one's leg goes numb ／脚麻，腿麻／ chân tê

4 <ruby>肩<rt>かた</rt></ruby>がこる：to have stiff shoulders ／肩膀僵硬／ vai cứng

21 2 <ruby>経営<rt>けいえい</rt></ruby>

<ruby>経営<rt>けいえい</rt></ruby>：management ／经营／ kinh doanh, quản lý

1 <ruby>方針<rt>ほうしん</rt></ruby>：policy ／方针／ phương châm

3 <ruby>事業<rt>じぎょう</rt></ruby>：enterprise ／事业／ công việc kinh doanh

4 <ruby>作業<rt>さぎょう</rt></ruby>：work ／工作，劳动／ thao tác, công việc

22 3 <ruby>家賃<rt>やちん</rt></ruby>

<ruby>家賃<rt>やちん</rt></ruby>：rent ／房租／ tiền nhà

1 <ruby>給料<rt>きゅうりょう</rt></ruby>：salary ／工资／ tiền lương

2 <ruby>賃貸<rt>ちんたい</rt></ruby>：lease ／出租／ cho thuê

4 <ruby>家事<rt>かじ</rt></ruby>：housework ／家务／ việc nhà

23 2 <ruby>卒業<rt>そつぎょう</rt></ruby>

<ruby>卒業<rt>そつぎょう</rt></ruby>：graduation ／毕业／ tốt nghiệp

第2回

文字・語彙

文法

読解

聴解

1 留学：studying abroad ／留学／ du học

3 入学：entering a school ／入学／ nhập học

24 3 いつのまにか

いつのまにか：before one knows it ／不知不觉／ không biết từ lúc nào

 1 どこまでも：anywhere ／无论到哪里都… ／ bất cứ nơi đâu

3 いつまで：until when ／到什么时候／ cho đến khi nào

4 どこか：somewhere ／某处／ nơi nào đó

25 2 ルール

ルール：**rule** ／规则／ quy tắc, luật

 1 サンプル：**sample** ／样品／ mẫu, hàng mẫu

3 サイン：**sign** ／签名／ chữ ký, ký

4 ヒント：**hint** ／提示／ gợi ý

問題4

26 2 明るい

陽気な＝明るい：bright ／开朗／ sáng sủa

 1 まじめな：serious ／诚实，正经／ nghiêm túc

3 内気な：shy ／内向／ nhút nhát, thẹn thùng

4 静かな：quiet ／文静／ yên lặng, điềm đạm

27 3 スピード

速度＝スピード：**speed** ／速度／ tốc độ

1 エンジン：**engine** ／引擎／ động cơ, máy

2 ガソリン：**gasoline** ／汽油／ xăng

4 カーブ：**curve** ／弯道，转弯处／ khúc quanh

28 3 だいたい

約＝だいたい：about ／大约，大概／ khoảng, chừng

□ 終了：end ／结束／ kết thúc

29 3 必ず

絶対、あの人に言っておいてね。：Be sure to tell that person. ／一定要跟那个人事先说一声哦。／ Nhất định hãy nói cho người đó biết nhé.

 1 はげしい：extreme ／激烈／ mãnh liệt, gắt

2 とうとう：at last ／终于／ cuối cùng

30 4 とつぜん

いきなり＝とつぜん：suddenly ／突然／ đột nhiên, đột ngột

問題5

31 1 イベントを中止するかどうかは、学校が判断します。

判断：judgement ／判断／ phán đoán

 3 仕事をやめるという彼の大きな決断を応援したい。

決断：decision ／决断／ quyết định, đoán định

32 2 まくらを新しくしたら、朝までぐっすり眠れた。

ぐっすり眠る／ぐっすり寝る：to sleep soundly ／睡得很香／ ngủ say

 1 友達との約束をすっかり忘れてしまった。

すっかり忘れる：to completely forget ／彻底忘记／ hoàn toàn quên

33 2 彼には彼女がいたので、彼の恋人になるのはあきらめた。

あきらめる：to give up ／放弃／ từ bỏ, bỏ cuộc

1 先週、働いていた会社を<u>辞めた</u>。

辞める：to quit ／辞職／ nghỉ việc, bỏ việc

3 暑い日が続いたので、水道が<u>止まって</u>しまった。

水道：water supply ／自来水／ nước máy

止まる：to stop ／停止／ ngưng, tắt

4 <u>体重</u>を<u>減らす</u>ために、毎日走っています。

体重：boy weight ／体重／ cân nặng, trọng lượng cơ thể

減らす：to decrease ／减, 减少／ giảm

34 **2** オリンピックの後、その選手は<u>引退</u>した。

引退する：to retire ／退役／ giải nghệ

 1 先月、学校の近くに<u>引っ越して</u>きました。

引っ越す / 引っ越しする：to change residence ／搬家／ chuyển nhà

3 子どもが熱を出したので、<u>早退</u>してもいいですか。

早退する：to leave early ／早退／ về sớm

4 大学を<u>卒業</u>したら、国に帰る予定です。

卒業する：to graduate ／毕业／ tốt nghiệp

35 **3** <u>栄養</u>をしっかりとって、早く元気になってね。

栄養：nutrition ／营养／ dinh dưỡng

 1 この社会は需要と<u>供給</u>のバランスが取れている。

供給：supply ／供给, 供应／ cung cấp, cung(cầu)　⇔需要

バランスがとれる：to be balanced ／保持平衡／ cân bằng

2 大統領の発言は<u>影響</u>力がある。

影響力：influence ／影响力／ sức ảnh hưởng

大統領：president ／总统／ tổng thống

3 この料理の<u>材料</u>はえびとたまごだ。

材料：ingredient ／材料／ vật liệu

言語知識（文法）・読解

◆ 文法

問題１

1 4 **といえば**

〜といえば…＝〜で代表的 (representative ／在…当中具有代表性的是…／ nhắc đến~sẽ có~(mang tính đại diện)) なのが…だ

2 1 **わりに**

わりに：comparatively ／意外地／ so với

 2 むけに：intended for ／面向／ hướng tới

3 たびに：each time ／毎当／ mỗi lần

4 せいで：due to ／因为（表示不好的原因）／ bởi vì

3 4 **おそれがある**

〜おそれがある＝〜という悪い結果になる可能性 (possibility ／可能造成不好的结果／ có khả năng sẽ có kết quả xấu) がある。

 1 〜かねない：~ could happen ／很有可能会…／ có thể, có khả năng

2 〜どころではない：this is not the time to ~ ／根本谈不上…／ không phải lúc để~

3 〜ほどだ：as many/much as ~ ／表示程度／ tới mức~

4 1 **なくしたら**

「万が一」は、「そのようなことはないと思うが、もしも」という意味。後には、「〜ば」「〜たら」「〜ても」などがくる。「〜てください」に続くので、「なくせば」は使えない。

5 1 **いらっしゃってください**

いらっしゃってください：「来てください」のていねいな言い方。「おこしください」「おいでください」「いらしてください」という言い方もある。

6 4 **には**

彼には彼なりのやり方がある。：He has his own way of doing things. ／他有他自己的做法。／ anh ấy có cách làm của riêng anh ấy

はずだ：expected to be ／应该／ chắc chắn

7 2 **使いたがらない**

〜したがる：自分以外の人が「〜したい」ということを客観的 (objective ／客观地表示自己以外的人想要做某事／ hiển thị tính khách quan khi nói ai đó ngoài mình muốn làm gì) に表す。

8 1 **しよう**

〜しようとしない＝〜するつもりがない

9 2 **わけ**

〜わけではない：〜ということではない

10 1 **通じて**

〜を通じて：「〜を経由して (going through ~ ／通过…／ thông qua)」という意味。ただし、「京都を経由して大阪に行く」のような、場所を経由することには使わない。

11 1 **ことはない**

〜ことはない＝〜する必要はない

12 3 **とは限らない**

〜とは限らない＝絶対に〜とは言えない (it is not necessarily ~ ／未必…, 不一定…／ cũng không thể nói là tuyệt đối~)

13 4 **もの**

〜したものだ＝以前はよく〜した (one often used to ~ ／过去经常…／ trước đây thường hay~)

問題2

14 2
彼とは **1**去年 **4**会った **2**きり 31年 ほど会っていない。

〜したきり…ない＝〜したのを最後に…していない

〜ほど：約〜（as much as 〜／大約／khoảng, cỡ）

15 1
電話を **3**して **2**おいた **1**にも **4**かかわらず 予約ができていなかった。

〜にもかかわらず＝〜のに

16 4
彼が **3**約束の **2**時間に **4**遅れる **1**はず がない。

〜はずがない＝〜ないと思う

〜はずだ＝きっと〜だと思う

17 1
今日までに **2**できる **4**ことは **1**した **3**つもりだ が、結果はわからない。

〜したつもり＝私は〜したと思っている

18 3
この辺は自然が多くて健康的に暮らせそうだが、交通の便が悪いから、**4**車の運転が **2**できない **3**私には **1**生活する のは難しそうだ。

生活するの＝生活すること

□健康的：healthy／健康地／về mặt sức khỏe

□暮らす：to live／生活／sinh sống

□交通の便が悪い：transportation access is inconvenient／交通不便／giao thông bất tiện

問題3

19 1　愛されている
「納豆は…多くの人に」の後にくるので、[受身形（passive form／被动形／thể bị động）] がよい。

20 3　そのうえ
[接続詞（conjunction／接续词／giới từ）] の問題では、前後をよく見ること。

この問題では、「大豆には…多くの栄養がある」という大豆のいいところを書いたあとで、「豆腐にすることで消化が良くなる」と、さらにいいところを続けているので、[添加（addition／添加／thêm vào）] を表す語を入れる。

21 2　知られるようになった
〜ようになる：状態が変化すること（a change in conditions／状态发生改变／trạng thái thay đổi）を表す。

例　日本語を勉強して、日本人と話せるようになりました。（前は日本人と話せなかった→今は話せる）

22 1　このようなもの
すぐ前にある「新しい商品」を指すことばを入れる。

23 4　食べてほしいものだ
〜ほしいものだ／〜たいものだ：ほしい、したいという気持ちを[強調（emphasis／强调／nhấn mạnh）] する表現。

◆ 読解（どっかい）

問題（もんだい）4

(1) 24 4

ボランティアと聞（き）くと、**1大変（たいへん）そうなので自分（じぶん）にはできないと思（おも）う**かもしれません。でも、自分（じぶん）の好（す）きなことや、**4できることから始（はじ）めればいいのです。**仕事（しごと）や年齢（ねんれい）も関係（かんけい）ありません。例（たと）えば、ある小学校（こうがっこう）の6年生（ねんせい）は「ふれあいクラブ」として毎月（まいつき）、お年寄（としよ）りの施設（しせつ）に行（い）っていっしょにゲームをしたり、歌（うた）を歌（うた）ったりしています。自分（じぶん）たちでゲームを計画（けいかく）することもあります。先生（せんせい）もアドバイスをくれますが、お年寄（としよ）りのことを考（かんが）えながら、自分（じぶん）が好（す）きなこと、自分（じぶん）ができることを形（かたち）にするのです。

★ 覚（おぼ）えよう

☐ボランティア：volunteer ／志愿者／ tình nguyện
☐施設（しせつ）：institution ／养老院，孤儿院／ cơ sở, dịch vụ chăm sóc
☐年齢（ねんれい）：age ／年龄／ người cao tuổi
☐アドバイス：advice ／建议／ việc làm thêm

(2) 25 3

星野先生（ほしのせんせい）

　お元気（げんき）ですか。私（わたし）がこちらに帰（かえ）ってきて、もう1か月（げつ）が経（た）ちました。家族（かぞく）や友人（ゆうじん）に1年（ねん）ぶりに会（あ）って、楽（たの）しく過（す）ごしています。

　日本（にほん）では、先生（せんせい）にとてもお世話（せわ）になりました。日本語（にほんご）はもちろん、日本（にほん）の伝統文化（でんとうぶんか）についてもくわしく教（おし）えていただき、ありがとうございました。

　これからは私（わたし）が、**2日本（にほん）について多（おお）くの人（ひと）に伝（つた）えられるようになりたいです。**そのために通訳（つうやく）になろうと思（おも）っています。**3日本語（にほんご）の勉強（べんきょう）を続（つづ）け、通訳（つうやく）の試験（しけん）を受（う）けるつもりです。**そして通訳（つうやく）として日本（にほん）に行（い）ったときには、こちらのおいしい**1ワインを持（も）って先生（せんせい）のお家（うち）にうかがいます。**

5月（がつ）31日（にち）　ピーター　ハンクス

---

1 「～と思（おも）うかもしれません。でも…」は、「～と考（かんが）える人（ひと）がいるかもしれないが、実際（じっさい）は…」という意味（いみ）で、「…」が、書（か）いた人（ひと）が本当（ほんとう）に言（い）いたいことである。

4 ○

2・3 文章（ぶんしょう）に書（か）かれていない。

3→2→1の順番（じゅんばん）。4については手紙（てがみ）に書（か）かれていない。

078

⭐ 覚えよう

□（時間が）経つ：to pass (time) ／（时间）流逝／(thời gian) trôi qua
□1年ぶり：first time in a year ／过了一年才…／sau một năm, tròn một năm
□過ごす：to pass (time) ／生活，过日子／trải qua, sống
□伝統：tradition ／传统／truyền thống
□くわしい：well-informed ／详细／chi tiết
□通訳：interpreting ／口译，翻译者／thông dịch
□うかがう：to visit (humble form) ／拜访／đến thăm, ghé thăm
□出来事：happening ／发生的事／việc đã xảy ra

(3) 26 3

相川　9:12

おはようございます。いま富士見駅に向かう電車の中にいるんですけど、事故の影響で電車が止まってしまいました。動き出すまであと30分くらいかかりそうです。

坂田　9:13

おはようございます。たいへんですね！

相川　9:15

1クリエイト社への訪問の前に、喫茶店で打ち合わせをする約束でしたよね。でもその時間はなさそうです。すみません。

坂田　9:16

いえいえ。**2**昨日、資料についてご意見いただいて修正したので、大丈夫だと思います。

相川　9:17

3喫茶店ではなく、直接クリエイト社の前で待ち合わせしましょう。

坂田　9:17

はい。

相川　9:18

4訪問にも遅れそうだったらまた連絡します。

1 事前の打ち合わせには間に合わないが、訪問には遅れない。

2 資料の修正は前の日に終わっている。

3 ○

4 坂田さんとの打ち合わせは、しないことになった。

坂田　9:19

かしこまりました。お気をつけて。

えよう

□影響：influence ／影响／ ảnh hưởng
□訪問：visit ／拜访／ thăm viếng
□打ち合わせ：preparatory meeting ／商量，磋商／ cuộc họp, cuộc gặp mặt
□資料：materials ／资料／ tài liệu
□修正：correction ／修正，修改／ tu sửa, đính chính
□直接：direct ／直接／ trực tiếp
□待ち合わせ：appointment ／碰头，见面／ hẹn gặp tại điểm hẹn

(4) 27 3

色を見分ける力を色覚と言いますが、色覚は1**20代をピークにゆ**っくりと弱くなっていきます。その原因は3つあります。目の中のレンズ部分がにごってきれいに見えにくくなること、3**光を取り入れる部分が小さくなって光が入りにくくなること**、そして、脳に情報を送る視神経が弱くなることです。暗い部屋で靴下の色を間違えたり、4**階段を下りているとき、最後の一段で転びそうになったりする人**は、色覚が弱くなっている可能性があります。

1　色覚のピークは20代。

2　練習については書かれていない。

3　○

4　階段を下りるときが危ない。

えよう

□見分ける：to discern ／辨别，分辨／ phân biệt, làm rõ
□ピーク：peak ／峰值，巅峰／ đỉnh điểm, đỉnh cao
□レンズ：lens ／晶状体／ thấu kính
□部分：portion ／部分／ bộ phận
□にごる：to become cloudy ／浑浊／ đục, mờ
□取り入れる：to take in ／收进／ đưa vào, tiếp thu, tiếp nhận
□脳：brain ／大脑／ não
□情報：information ／信息／ thông tin
□神経：nerve ／神経／ thần kinh
□可能性：possibility ／可能性／ tính khả năng, tính khả thi, khả năng

問題5

(1) **28** 2　　**29** 4　　**30** 1

食品には、おいしく安全に食べられる、賞味期限があります。お店で売れないまま賞味期限が切れてしまうと、お店は捨てなければなりません。しかし、**28賞味期限が切れていないのに捨てられる食品もあることが、最近問題になっています。**

それは、**29食品メーカーからお店に食品を運ぶ、問屋の仕事**が関係しています。問屋がお店に食品を届けることを納品といい、**30食品が作られた日から賞味期限までの3分の1の日までに納品するというルール**があります。例えば、賞味期限が3か月のお菓子があって、作られたのが9月1日の場合、賞味期限は11月末ですが、お店に納品する期限は3か月の3分の1、1か月の間に、つまり9月中にお店に届けなければならないことになります。この納品期限を過ぎるとお店で受け取ってもらえず、まだ賞味期限まで2か月もあるにもかかわらず、捨てられてしまうのです。

⭐ 覚えよう

□ 食品：food product ／食品／ thực phẩm
□ ～まま：remaining ~ ／保持某种状态／ vẫn cứ~, giữ nguyên~
□ 期限が切れる：to expire (deadline, term) ／过期／ hết hạn sử dụng
□ メーカー：maker ／制造商，厂家／ nhà sản xuất
□ ～末：end of ~ ／…末／ cuối~
□ ～にもかかわらず：despite ~ ／尽管…／ dù cho~, mặc dù~

(2) **31** 1　　**32** 2　　**33** 1

これはネット上の記事である。

国際ボランティア団体ピースでは、「場所、本、子どもたち」をキーワードに、アジアの各地で活動しています。具体的には、学校や図書館を作って、勉強したり**31本を読んだりできる場所を作ります**。また、字が読めない子どもたちのために絵本を作ったり、本を読んであげたりする活動もしています。代表の鈴木幸子さんは、「教育は子どもたちの人生を変えることができます」と言います。

---

28 「賞味期限」という言葉の意味がわからなくても、最初の1文で「食品がおいしく安全に食べられるとき」だとわかる。難しいが読解に必要な言葉は、文中で説明してあることが多い。

29 「問屋」も、初めて出てきたところのすぐ前に説明がある。

30 「納品」も、「問屋がお店に食品を届けること」と説明がある。つまり、食品は、作られた日から賞味期限までの3分の1の日までにお店に食品を届けなければならない。

31 1が正解。

32活動のためには、**継続的な支援が必要**です。ピースでは今、サポーターを募集しています。32毎月1000円、1日あたり33円の寄付で、1年間に84冊の絵本を子どもたちに届けることができます。寄付はいつでも止められます。ニュースレターと33活動報告書も受け取れますので、活動の様子を知ることができます。また、毎年、子どもたちが書いたメッセージカードも届きます。詳しくは同団体のサイトをごらんください。

32 「継続的な支援が必要」という文のあとに、お金の話になるので、お金が必要だとわかる。

33 文と[選択肢（choices／选项／đáp án câu hỏi lựa chọn）]をよく比べる。

⭐覚えよう

- □団体：group／团体／đoàn thể, tập thể
- □キーワード：keyword／关键词／từ khóa
- □各地：various places／各地／các nơi, các địa phương, các vùng
- □具体的：detailed／具体的／một cách cụ thể
- □代表：representative／代表／đại biểu
- □人生：life／人生／cuộc đời,
- □継続的：continuously／不间断的, 持续性的／liên tục, thường xuyên
- □支援：support／支援, 援助／hỗ trợ, ủng hộ, chi viện
- □募集：recruitment／招募／tuyển dụng
- □1日あたり：per diem／平均每天／ứng với mỗi ngày~
- □寄付：contribution／捐献, 捐赠／quyên góp
- □報告：report／报告／báo cáo
- □様子：appearance／情况／trạng thái, tình trạng

問題6

| 34 | 3 | 35 | 2 | 36 | 4 | 37 | 1 |

カップラーメンを食べたことがありますか。温かいお湯を入れて3分待つだけで、おいしいラーメンが食べられます。では、どうして3分間なのか知っていますか。

実は、1分でできあがるカップラーメンもあるのです。でも、早ければいいというわけではないようです。1分でやわらかくなるラーメンは、すぐ食べられるのはいいのですが、そのあともどんどんやわらかくなってしまうので、35食べている間にやわらかくなりすぎて、おいしくなくなってしまうのです。それに、34お湯を入れてからたった1分だ

けではまだお湯が熱すぎます。3分経ってからふたを開けて数回混ぜると、70度ぐらいまで下がります。熱い食べ物をおいしいと思える温度は62度から70度です。3分という時間は、この温度までしっかり計算した待ち時間だったのです。

　また、これもあまり知られていませんが、お湯を入れる前のカップラーメンは、ラーメンの下とカップの底との間に空間があり、ラーメンが下につかないようになっています。これは、工場からお店に運ばれるときにめんが割れたりしないようにするためです。しかも、お湯を入れたときに、下にもお湯が回って、**36ラーメン全体を同じやわらかさにできる**のです。

36 やわらかい［形容詞］→やわらかさ［名詞］。やわらかさ⇔固さ

37 この文章には、①カップラーメンの待ち時間、②カップへの入れ方の2つの内容が書かれている。2つとも「カップラーメンをおいしく食べるための工夫」である。

★覚えよう

- □実は：actually ／其实，实际上／ thật ra, sự thật là
- □たった：just ／只，仅／ chỉ, mỗi
- □混ぜる：to mix ／搅拌／ trộn, pha trộn, hòa trộn
- □温度：temperature ／温度／ nhiệt độ
- □計算：calculation ／计算／ tính toán
- □底 ：bottom ／底部／ đáy
- □空間：space ／空间／ không gian
- □隙間：gap ／间隙／ khe hở, kẽ hở
- □下につく：to be taken under someone's wing ／接触底部／ chạm xuống dưới
- □割れる：to break ／碎，裂／ bể, vỡ
- □全体：entirety ／全体／ toàn bộ

文字・語彙

文法

読解

聴解

083

38 4   39 1

文化の日　おでかけガイド

造形工房	総合運動公園
【てつくず作品展】 鉄工職人が仕事で出る廃材を利用して、造形作品を作りました。オリジナルキャラクターも初めて公開します。鉄を組み合わせた新しい生物を見てみませんか。 11月2日（土）3日（日）4日（祝） 9:30~17:00 入場無料	【青空フリーマーケット】 運動公園のスタジアムの周りにフリーマーケットが登場！ 約100店が出店します。リサイクル品のほか、ハンドメイドグッズも多数あります。 11月2日（土）3日（日） 10:00~14:00（雨天中止） 入場無料
文化会館	市民ホール
【国立舞台サーカス】 空中ブランコ、ピエロの曲芸、アクロバットなど、ハラハラドキドキがいっぱいの舞台が楽しめます。入場券先行発売中。 11月2日（土） ① 12:30　② 15:00 一般2800円　中学生以下2200円 チケットセンター　×××-××××	【ママとパパと赤ちゃんのための ゆるやかエクササイズ】 親子で簡単なリズム体操やエクササイズを体験しましょう。家でも楽しく赤ちゃんと過ごす方法を知ることができます。 11月3日（日） 10:30~11:30（要電話予約） 1家族（3名1組）1000円（当日払い）
音楽ミュージアム	星の美術館
【室内楽アカデミー】 国内外から一流の講師陣を招待し、選ばれた受講者がレッスンを受けます。一般の方は、レッスンの様子を見ることができます。 11月2日（土）3日（日）4日（祝） 10:00~12:00 レッスン聴講　一人100円	【版画遊園地】 明治から昭和期に活躍した作家の作品100点を解説します。自分で版画を作るコーナーもあります。 11月3日（日）4日（祝） 9:00~17:00 一般200円　中学生以下無料

⭐ 覚えよう

- □ 祝日：national holiday／节日／ngày lễ
- □ 一般：general／普通，一般／thông thường
- □ 3名1組：one group of three people／三人一组／một nhóm ba người
- □ 体操：gymnastics／体操／thể dục

38 「週末」は土曜日と日曜日のこと。まず日付（date／日期／ngày tháng）だけ見て、「4日（祝）」にやっているイベントから、自分で作るイベントを選ぶ。てつくず作品展は作品を見るだけで、参加者が作ることはない。

39 体操やダンスに近いのは「国立舞台サーカス」。マイクさん2800円＋妻2800円＋娘2200円＝7800円。

聴解

問題1

れい　4

大学で女の人と男の人が話しています。男の人は何を持っていきますか。

F：昨日、佐藤さんのお見舞いに行ってきたんだけど、元気そうだったよ。

M：そっか、よかった。僕も今日の午後、行こうと思ってたんだ。

F：きっとよろこぶよ。

M：何か持っていきたいんだけど、ケーキとか食べられるのかな。

F：足のケガだから食べ物に制限はないんだって。でも、おかしならいろんな人が持ってきたのが置いてあったからいらなさそう。ひまそうだったから雑誌とかいいかも。

M：いいね。おすすめのマンガがあるからそれを持っていこうかな。

男の人は何を持っていきますか。

1ばん　2

会社で女の人と男の人が話しています。男の人はこのあと、まず何をしますか。

F：橋本さん、明日の会議の準備、もうできましたか。

M：はい、2これから会議で使う資料をコピーするところなんですが、何枚必要でしょうか。

F：そうですね、会議に出席するのが15人だけど、2、3枚余分にしておきましょう。

M：はい、わかりました。

2　「資料をコピーするところ」→数の確認→「わかりました」と言っているので、これが正解。

F：あと、カタログも準備してほしいんだけど、どのカタログにするか
をＦ部長に今から確認してもらえますか。

M：あの、部長は今日出張中ですので、明日の朝、確認してもいい
ですか。

F：そう、じゃあ確認したらすぐに準備してください。
あと、1会議室の予約は今からすぐ私がしておきますね。

M：はい、ありがとうございます。

男の人はこのあと、まず何をしますか。

1　会議室の予約は女
の人がする。

3・4　部長は出張
中。明日、部長に確
認してからカタログを
準備する。

⭐覚えよう

□余分：surplus ／多余，剰余／ phần thừa

□カタログ：catalogue ／商品目录／ ca- ta-lô, cuốn tranh ảnh giới thiệu
sản phẩm

□確認：confirmation ／确认／ xác nhận

□出張：business trip ／出差／ công tác

2ばん　3
🔊 N3_2_05

駅で男の人と女の人が話しています。男の人は何を買いますか。

M：すみません、学生のための地下鉄のきっぷってありますか。

F：はい、通学用定期券と、学生用回数券というものがございます。

M：回数券ってどんなものですか。

F：こちらは、10枚分の料金で11枚のきっぷをセットで買うことがで
きるものです。

M：いいですね。学校へ行くときにも使えますか。

F：はい、もちろんです。でも、通学で毎日使われるのでしたら、定
期券のほうがお得になりますよ。

M：そうなんですか。毎日大学へ行くからそうしようかな。

F：かしこまりました。定期券には、**1か月定期券と6か月定期券の2種類がございまして、期間が長いほうが値段は高いですがお得**です。あと、バスもご利用になるのでしたら、バスと地下鉄のセット定期券もございますよ。

M：うーん、バスは乗らないので、**地下鉄のお得なほうの定期券**にします。

男の人は何を買いますか。

「地下鉄のお得なほうの定期券にします」→回数券ではなく定期券。バスと地下鉄のセットではなく、地下鉄の定期券だとわかる。1か月と6か月では、期間が長いほう＝6か月がお得なので、3が正解。

⭐ 覚えよう
- □通学：commuting to school ／通学，上学／đi học
- □〜用：for the use of 〜 ／…专用／dùng cho〜
- □定期券：commuter pass ／月票／vé tháng
- □回数券：coupon ticket ／连票，回数票／vé mua theo lô
- □料金：fare ／费用／tiền, giá tiền
- □セット：set ／一组，一套／bộ
- □お得：bargain ／划算／lợi
- □期間：period ／期间／thời hạn
- □種類：variety ／种类／loại

3ばん 3

🔊 N3_2_06

男の人と女の人がポスターについて話しています。女の人はこのあと何をしますか。

M：今度のイベント、たくさんお客さんを集めるためにポスターを作るって言ってたけど、どう？ できた？

F：うん。見てみて。

M：わ、いいね。**1いろんな色が使ってあるから遠くからでもよく目立つ**。**2字の大きさも見やすいね**。

F：ありがと。でも…なんかまだちょっとかたい、フォーマルな感じがしない？ もっと気軽に参加できるイメージにしたいな。

M：**もっと写真とかイラストを入れたらどう？**

F：**3そっか、そうだね、やってみる**。質問とかがあったときの**4連絡先**は、この電話番号であってる？

1・2・4 「女の人がこのあと何をするか」に注意して聞く。色、文字、電話番号は問題ない。

3 「そっか」は、「そうですか」「そうですね」のカジュアルな言い方（casual way of saying ／较随意的说法／cách nói thân mật）。相手に同意するあいづち（interjection that shows agreement with the speaker ／随声附和同意对方／thể hiện sự tán thành ý kiến của đối phương）としてよく使う。

M：うん、**大丈夫だよ**。じゃ、お願いします。

女の人はこのあと何をしますか。

⭐覚えよう

☐ ポスター：poster／海报，宣传画／áp phích quảng cáo

☐ 目立つ：to stand out／显眼，引人注目／nổi bật

☐ かたい：物だけではなく、雰囲気がかたい (rigid atmosphere／气氛生硬／bầu không khí nặng nề) ときにも使う

☐ フォーマル（な）：formal／正式的／hình thức, có tính nghi lễ

☐ 感じ：feeling／感觉／cảm giác

☐ 気軽（な）：lighthearted／轻松，随意／đơn giản, nhẹ nhàng

☐ 参加：participation／参加／sự tham gia

☐ イラスト：illustration／插图／tranh minh họa, ảnh họa

☐ 連絡先：contact information／联系方式／địa chỉ liên lạc

4ばん　2

女の学生と先生が欠席届について話しています。女の学生はこのあとすぐ何をしますか。

F：先生、昨日休んでしまったので、欠席届を書きました。お願いします。

M：はい、わかりました。…病院に行ったんですか。もう大丈夫ですか。

F：大丈夫です。先週から歯が痛かったのでみてもらいました。今はもう痛くないです。来週もう一度行かなければいけないので、来週も休むかもしれません。

M：そうですか。**1休むことがわかったら、早めに欠席届を出してください**。

F：わかりました。

M：それから、ここ、**2今日の日づけのほかに、休んだ日、昨日の日づけも書いてください**。

F：あ、すみません。すぐ書きます。

M：これは昨日配ったプリントです。**4宿題はこれを終わらせることです。来週の授業までにやっておいてください**。

1 来週、休むかどうかはまだわからない。休むと決まったら、欠席届を出す。

2 ○

3 会話にない。

4 宿題は来週の授業までにやる。

F：わかりました。

女の学生はこのあとすぐ何をしますか。

⭐覚えよう

□欠席届：report of absence／请假条／đơn xin vắng mặt
□配る：to distribute／分配，分发／phát
□プリント：handout／印刷物／tài liệu in

5ばん　3
🔊 N3_2_08

男の人と女の人が話しています。男の人は鼻づまりを治すため、まずどの方法をやってみますか。

M：あぁ、鼻がつまってうまく息ができない…。

F：お風呂に入ったときに、**1温かいタオルを鼻に載せるとすっきりす** ──────── **1** やるのは今晩。
るよ。

M：そうなんだ。今晩やってみるよ。

F：ほかにも玉ねぎを切って、**2玉ねぎに鼻を近づけて鼻から息をす** ──────── **2** 玉ねぎを使う方法は今やっていない。
るのもいいって。

M：へえ、よく知ってるね。

F：私もときどき鼻づまりで困るから、調べたことあるんだ。**3ペット** ──────── **3** 「こうかな」＝「こういうやり方でいいかな」。今やっていることがわかる。
ボトルって今持ってる？

M：うん、あるけど？
4 会話にない。

F：わきの下にはさんで、わきをしめてみて。胸の横を押すと、鼻づまりがすぐ治るんだって。

M：え？ 本当？ **3こうかな…。** ────────

男の人は鼻づまりを治すため、まずどの方法をやってみますか。

- □鼻がつまる：to have a stuffy nose ／鼻塞／ nghẹt mũi
- □方法：method ／方法／ phương pháp
- □息をする：to breathe ／呼吸／ thở
- □すっきり：with a feeling of relief ／爽快，通暢／ sảng khoái, dễ chịu, thoải mái
- □玉ねぎ：onion ／洋葱／ hành tây
- □ペットボトル：PET bottle ／塑料瓶／ chai nhựa
- □わきの下：underarm ／腋下／ nách
- □はさむ：to hold between ／夹，夹住／ kẹp, cặp
- □わきをしめる：to keep one's arms to one's sides ／夹紧腋下／ khép nách lại
- □胸：chest ／胸部／ ngực

6ばん　1

🔊 N3_2_09

病院の受付の人と女の人が話しています。女の人はこのあとすぐ何をしますか。

M：こんにちは。今日はどうされましたか。

F：ちょっと熱があるようなんです。

M：この病院は初めてですか。

F：はい。

M：では、**1こちらの紙にお客様の情報を記入していただけますか。**

F：わかりました。

M：あ、それから、せきは出ますか。**2せきが出る場合はこちらのマスクをする**よう、お願いしています。

F：いえ、**2せきは出ません。**

M：**4保険証はありますか。**

F：あ、はい、あります。これです。

M：はい、お預かりします。じゃ、こちらですね、お願いします。

---

1 「〜していただけますか」＝「〜してください」。

2 せきが出る場合はマスクをする→せきが出ないのでマスクをしなくてよい

3 会話にない。

4 保険証はもう出している。

女の人はこのあとすぐ何をしますか。

★覚えよう

□記入：filling out ／填写／ ghi vào, điền vào, nhập vào
□せき（が出る）：to cough ／咳嗽／ ho
□マスク：face mask ／口罩／ khẩu trang
□保険証：insurance card ／保险证／ thẻ bảo hiểm
□預かる：to receive something in trust ／暂为保管／ giữ

問題2

れい　4　　　　　　　　　　　　🔊 N3_2_11

日本語学校の新入生が自己紹介しています。新入生は、将来、
何の仕事がしたいですか。

F：はじめまして、シリンと申します。留学のきっかけは、うちに日本
　人の留学生がホームステイしていて、折り紙を教えてくれたことで
　す。とてもきれいで、日本文化に興味を持ちました。日本の専門
　学校でファッションを学んで、将来はデザイナーになりたいと思っ
　ています。どうぞよろしくお願いします。

新入生は、将来、何の仕事がしたいですか。

1ばん　4　　　　　　　　　　　🔊 N3_2_12

男の人が、電車について話しています。レールの下に石があるのは、
どうしてだと言っていますか。

M：電車はレールの上を走りますが、レールの下には必ず、板と石
　が置かれています。地面の上に直接レールを置いたほうが早く
　線路を作れるのに、どうしてわざわざ板や石を置くのでしょうか。
　もし板や石がなかったら、レールは地面の中にどんどん入りこん
　でしまうのだそうです。電車がレールのある一点を通る時間は短
　いのですが、重いので、何度も通っていると、レールがどんどん
　広がってしまいます。板は、そうならないようにレールをおさえ、
　石は、板にかかった重さをバラバラにして地面に伝えます。

音、ゆれ、熱ではなく、電車からの重さについて話している。

レールの下に石があるのは、どうしてだと言っていますか。

覚えよう

- □板：board ／板／ bản, tấm ván
- □地面：surface ／地面／ mặt đất
- □線路：railroad track ／軌道，铁轨／ đường ray, đường tàu
- □わざわざ：deliberately ／特意／ cố tình, nhọc công
- □入り込む：to go into ／进入／ lọt vào
- □ある一点：a point ／某一点／ một điểm nào đó
- □広がる：to spread ／变宽／ lan rộng, trải rộng ra
- □押さえる：to hold down ／固定／ giữ, cố định
- □重い [形容詞] →重さ [名詞]

2ばん　2

🔊 N3_2_13

> 女の人と男の人が話をしています。男の人はどうして元気がありませんか。
>
> F：どうしたの？　元気ないけど。まだ、彼女とケンカ中？
>
> M：ああ、確かに長い間ケンカしていたけど、それは僕があやまったからもう大丈夫なんだ。でも…
>
> F：でもどうしたの？　別のこと？
>
> M：そうなんだ、今日彼女から聞いたんだけど、彼女、9月からアメリカの大学に行きたいって。
>
> F：え、そうなんだ。
>
> M：今は近くに住んでいるから、いつでも会えるだろう？　でも**アメリカに行ったらそうはいかないよ。**
>
> 男の人はどうして元気がありませんか。

～だろ（う）？：「～でしょ（う）？」のカジュアルな（casual ／随意／ cách nói không trang trọng）言い方。男性が使うことが多い。

そうはいかない：「期待するようにはならない」。ここでは「いつでも会えるという状態ではなくなってしまう」ということ。

アナウンサーが俳優にインタビューしています。俳優が映画の撮影中に一番大変だったことは何ですか。

F：今日は俳優の高橋太郎さんに、新しい映画についてうかがいます。高橋さん、新しい映画の完成、おめでとうございます。

M：ありがとうございます。

F：高橋さんは映画の中で、世界中を旅する写真家という役で、いろいろな国を移動されましたが、体の調子は大丈夫でしたか。

M：そうですね、暑い国から寒い国へと移動することも、またその反対もあったので、風邪をひいたこともありました。

F：それは大変でしたね。

M：はい、病気のときに家族がいてくれたらなぁと思いましたね。撮影で、長い期間、家に帰れなかったので、**家族に会えないさびしさが、何よりもつらかったです。**

F：そうだったんですね。　高橋さんの一作目の映画と比べて、いかがですか。

M：はい、一作目よりおもしろいものにしなくちゃという思いがありました。おかげでとてもいい作品ができたと思っています。

俳優が映画の撮影中に一番大変だったことは何ですか。

□何よりも〜：「いちばん〜だ」。[強調（emphasis／強调／nhấn mạnh）]

□つらい＝たいへん

⭐ 覚えよう

□俳優：actor／演员／diễn viên
□撮影：photography (still or motion)／拍摄，摄影／chụp ảnh
□完成：completion／完成／hoàn thành
□旅する＝旅行する
□〜家：〜を仕事にしている人。(例) 写真家、マンガ家、政治家
□移動：moving／移动／sự di chuyển, sự di động
□調子：condition／状态，状况／tình trạng
□期間：period／期间／thời hạn

4ばん　4

ラジオで男の人が禁煙について話しています。男の人が禁煙を始めたきっかけは何ですか。

M：私、タバコをやめることができました。そうです、もう20年以上吸っていたのに、です。もちろん、タバコが健康に悪いということは、昔からわかっていました。それでも吸い続けていたんですけど、**去年、タバコの価格が上がったでしょう。それで初めてやめようと思って禁煙を始めたんです。**でも、どんなに高くても、吸いたくなって困りました。そんなとき、娘に言われました、「お父さん、禁煙がんばってね。体を大切にしてね」って。それで、なんとか強い意志をもって成功したというわけです。

男の人が禁煙を始めたきっかけは何ですか。

「きっかけ」＝impetus ／ 契機 ／ nhân dịp, nhân cơ hội。タバコの価格が上がったので禁煙を始めた。娘の言葉があったので、禁煙を続けられた。

⭐ 覚えよう

□禁煙＝タバコを吸うのをやめること
□健康：health ／健康／ sức khỏe
□価格：price ／价格／ giá cả
□意志：intention ／意志／ ý chí

5ばん　2

男の学生と女の学生が話しています。女の学生は何のためにアルバイトをしていますか。

M：毎日、バイトで忙しいみたいだけど、なんでそんなにお金が必要なの？

F：実は、**2大学を卒業しても、勉強を続けたいと思ってて。**

M：大学院へ進みたいってこと？

F：うーん、日本の大学院も考えたんだけど、私のやりたい研究をもっと専門的にできる**2大学院が海外にあるから、そっちに行きたいんだ。**でも、今、学費と家賃は親に出してもらっているから、これ以上の負担をしてもらうわけにはいかないし。

1・2 「思ってて」＝「思っている」。女の人は、大学を卒業して、海外の大学院へ行きたいと言っているので、1ではなく2が正解。

M：そうか、すごいね。**4ぼくはバイト代は全部旅行に使っちゃうんだ**よ、外国へ行くのが好きで。

F：もう30か国以上行ってるんでしょう？　すごいよ、私もいろいろな国へ行ってみたいな。

女の学生は何のためにアルバイトをしていますか。

4　海外旅行にお金を使うのは男の人。

★覚えよう

□バイト＝アルバイト
□実は：actually ／其实，实际上／ sự thật là
□大学院：graduate school ／研究生院／ cao học, sau đại học
□専門的：professional ／专业／ mang tính chuyên môn
□学費：school tuition ／学费／ học phí
□家賃：rent ／房租／ tiền nhà
□負担：burden ／负担／ gánh vác, đảm nhận, chịu trách nhiệm
□〜代：〜のお金。「バイト代」は、バイトでもらうお金。

6ばん　2

🔊 N3_2_17

会社で男の人が女の人にアドバイスをしています。女の人は、今日どんなことに気をつけて発表しますか。

M：吉村さん、顔色がよくないけど、どうしたの？

F：実は今から会議で、みんなの前で新しいプロジェクトについて発表しなければならないんです。私、大勢の前で話すのは苦手で、緊張してしまって…どうすればうまく話せるでしょうか。

M：そうか、私も昔は苦手だったよ。でも苦手だからこそ、もっと頑張らなくちゃと思って、**4何度もやっているうちにうまくできるようになったんだ**。吉村さんが、いますぐにできるのは、人が大勢いると思わないことだね。

F：え？

M：**2聞いている人の中の誰か、たとえば、課長だけに話しているつもりでやるんだ**。

F：はい、やってみます。

1　会話にない。

2　課長だけに話しているつもり＝課長だけに話していると思うようにする。

4　男の人は何度もやってうまくできるようになった。しかし、それは今日すぐにできることではない。

第2回

文字・語彙

文法

読解

聴解

M：あとは、₃用意した紙を見ながら話すと、自信がないように見え ——
るから、できるだけ前を向いて話そう。

F：はい、ありがとうございます。

女の人は、今日どんなことに気をつけて発表しますか。

3　用意した紙を見るのはよくないと言っている。

⭐覚えよう

□顔色：countenance ／脸色／sắc mặt
□プロジェクト：project ／企划，项目／dự án
□発表：presentation ／发表／phát biểu
□苦手：not good at ／不善于，最怕／kém, yếu, ngại, không hợp
□緊張：nervousness ／紧张／căng thẳng, hồi hộp
□自信：self-confidence ／自信／tự tin
□前を向く：to face forward ／面朝前方／hướng về phía trước, nhìn về phía trước

問題3

れい　3　　　　　　　　　　　🔊 N3_2_19

日本語のクラスで先生が話しています。

M：今日は「多読」という授業をします。多読は、多く読むと書きます。本をたくさん読む授業です。ルールが3つあります。辞書を使わないで読む、わからないところは飛ばして読む、読みたくなくなったらその本を読むのをやめて、ほかの本を読む、の3つです。今日は私がたくさん本を持ってきたので、まずは気になったものを手に取ってみてください。

今日の授業で学生は何をしますか。

1　先生が本を読むのを聞く

2　辞書の使い方を知る

3　たくさんの本を読む

4　図書館に本を借りに行く

女の人と男の人が動物園で、シマウマについて話しています。

F：シマウマって、白と黒のしまの模様があるけど、その模様って一頭ずつ違うんだね。

M：うん。

F：この、白と黒のしまの模様って目立つから、敵にすぐ見つかっちゃうんじゃない。

M：それがね、シマウマを食べるライオンやハイエナが景色を見るとき、見える色は白と黒に近いんだって。だからシマウマの模様は、他の風景にまざって見えにくくなるんだよ。それに、仲間とたくさん集まっていると、しまの模様が重なって、一つの大きな動物のように見えるみたい。

F：へえ。敵も大きい動物は食べようとしないよね。

M：そう。自分たちを大きく見せて、敵から守っているんだね。

男の人は、シマウマのどんなことについて話していますか。

1　1頭ずつの模様の違い

2　白と黒のしまの模様のよさ

3　仲間の見つけ方

4　敵からの逃げ方

⭐覚えよう

□模様：design ／花纹／ hoa văn
□目立つ：to stand out ／显眼，引人注目／ nổi bật
□混ざる：to be mixed ／掺杂，混杂／ được hòa trộn, được hòa lẫn
□仲間：comrade ／同伴／ bè bạn, đồng bọn, cùng loại, đồng loại
□重なる：to be piled up ／重合，重叠／ chồng chất
□敵：enemy ／敌人／ địch, kẻ thù
□守る：to protect ／保护，守护／ bảo vệ

ラジオで男の人が、水について話しています。

M：みなさんが生活で使っている水は、そのまま川や海に流すと自然が汚れてしまいます。そこで活用されているのが、浄化センターです。浄化センターでは、家庭や工場から出た水を集めて、自然に戻せるぐらいまできれいにします。まず、ごみや砂を水の底にしずめて、残りの水を微生物のいるタンクに流します。この微生物が汚れを食べます。そして、微生物を取り除いた水を消毒してから、川や海に戻しているのです。

男の人は、水のどんなことについて話していますか。

1　水がどのように届けられるか

2　水がどのように利用されているか

3　水がどのように自然に戻されるか

4　水がどのように消毒されるか

会話の流れ

浄化センターは、家庭や工場から出た水を集めてきれいにするところ
↓
水をきれいにする方法
↓
きれいになった水を川や海に戻す

⭐ 覚えよう

□自然：nature ／大自然／ tự nhiên
□活用：application ／活用，有効利用／ sự hoạt dụng, sự ứng dụng, sự tận dụng
□戻す：to return ／归还／ hoàn lại, trả lại, khôi phục lại
□残り：remaining ／剩余，剩下／ còn lại, còn sót
□消毒：disinfection ／消毒／ khử độc

博物館で女の人が、家の作りについて話しています。

F：日本では、木で作られた家も見られますが、世界を見ると石が手に入りやすい場所では石造りの家が多く見られます。家は、その土地の環境や気候、生活スタイルに合わせて身近にある材料を組み合わせて作られます。日本は暖かく湿気も多いので、

会話の流れ

家は土地に合わせて作られる

・木の家と石の家

・たたみとカーペット

・カーテンと障子

床が地面より高く、家の湿度を調節できるたたみが広く使われています。しかし、寒くて乾いた気候の地域では、寒さを防げるようカーペットが使われます。また、カーテンも保温や部屋の仕切りに使われますが、日本ではカーテンのほか、木と紙で作られた障子も使われます。

女の人は、家の作りのどんなことについて話していますか。

1　家は、その土地の環境や気候に合わせて作られること

2　世界には家の作り方が二種類あること

3　日本の昔の家が今とは異なる作り方だったこと

4　世界の家と日本の家の作りの目的は同じであること

第2回

★覚えよう

□土地：soil ／土地／ đất đai
□環境：environment ／环境／ môi trường
□気候：climate ／气候／ khí hậu
□生活スタイル：lifestyle ／生活方式／ phong cách sống
□材料：ingredient ／材料／ vật liệu
□湿気：humidity ／湿气／ độ ẩm
□調節：adjustment ／调节／ điều tiết
□地域：region ／地域，地区／ khu vực
□防ぐ：to prevent ／抵挡，防备／ phòng chống

文字・語彙

文法

読解

聴解

問題4

れい　2　🔊 N3_2_24

写真を撮ってもらいたいです。近くの人に
何と言いますか。

M：1　よろしければ、写真をお撮りしまし
　　　ょうか。

　　2　すみません、写真を撮っていただ
　　　けませんか。

　　3　あのう、ここで写真を撮ってもい
　　　いですか。

1ばん　2　🔊 N3_2_25

レストランを5時に予約しました。レスト
ランに行ったとき、何と言いますか。

M：1　5時に予約してみました、山田
　　　と申します。

　　2　5時に予約してあります、山田と
　　　申します。

　　3　5時に予約したかもしれない、
　　　山田と申します。

覚えよう

□ 〜てある：to be 〜／某人的行为留下的状态
／có〜

🏷️　1　〜てみる：to try 〜／尝试做某事／làm
　　　〜 thử

　　3　〜かもしれない：may 〜／也许，可能／
　　　có thể

2ばん　3　🔊 N3_2_26

会社の社員証をなくしてしまいました。何
度も探しましたが、どこにあるかわかりま
せん。上司に何といいますか。

M：1　あの、社員証ですが…何度も探
　　　さないと見つかりません。

　　2　あの、社員証ですが…何度か探
　　　したのでいいでしょうか。

　　3　あの、社員証ですが…いくら探し
　　　ても見つからないのですが。

覚えよう

□ いくら〜ても…ない＝何度も〜したが…ない

🏷️　1　まだ何度も探していないように聞こえる。
　　　上司は「何度も探しなさい」と言うだろ
　　　う。

　　2　少し探したので、もう探さなくていいで
　　　すか、と聞こえる。上司は「もっとよく
　　　探しなさい」と言うだろう。

3ばん　2　🔊 N3_2_27

会議の資料を10部コピーしたいのです
が、忙しくて時間がありません。同僚に
お願いしたいです。何と言いますか。

F：1　資料を10部コピーしたらいかが
　　　でしょうか。

　　2　資料を10部コピーしておいてもら
　　　えないでしょうか。

　　3　資料を10部コピーしたほうがい
　　　いのではないでしょうか。

えよう

□〜したらいかがでしょうか。：[提案（suggestion／提案，建议／đề xuất)]

□〜しておいてもらえないでしょうか。：「〜しておいてください」のていねいな言い方。

□〜したほうがいいのではないでしょうか。：[アドバイス（advice／建议／lời khuyên)]

4ばん　1

◀)) N3_2_28

クッキーをたくさん作りました。友達にもあげたいです。何と言いますか。

F：1　たくさん作ったので、よかったら食べてください。

　　2　たくさん作ったら、ぜひ食べてみてください。

　　3　たくさん作りましたが、よかったらください。

 えよう

□よかったら：if it's okay／如果你不嫌弃的话／nếu được thì~, nếu thích thì~, nếu không phiền thì~

　　2　「〜たら」＝「〜したときに」。ここでは「もし、たくさん作った場合は」という意味になり、すでにクッキーをたくさん作った状況と合わない。

問題5

れい　3

◀)) N3_2_30

M：すみません、会議で使うプロジェクターはどこにありますか。

F：1　ロッカーの上だと高すぎますね。

　　2　ドアの横には置かないでください。

　　3　事務室から借りてください。

1ばん　3

◀)) N3_2_31

F：いらっしゃいませ。申し訳ありません。ただいま満席で…30分ぐらいお待ちいただけますか。

M：1　いえ、お待たせしませんので。

　　2　はい、お待ちしております。

　　3　じゃ、また今度にします。

「お待ちいただけますか」は「待ってくれませんか」のていねいな言い方。

　　1　お待たせしません＝すぐに用意します

　　2　お待ちしております：「待っています」のていねいな言い方。「お〜する」は[謙譲（humility／谦让／khiêm nhường)]。「〜ております」は「〜ています」の[謙譲（humility／谦让／khiêm nhường)]。客が店員に言うことばとしてはていねいすぎる

2ばん　2

◀)) N3_2_32

M：それでは、資料の5ページ、4番を見てください。

F：1　4番と5番、どちらでもいいですか。

　　2　すみません、5ページの何番ですか。

　　3　はい、4番でいいと思います。

 えよう

□〜でいい：[譲歩（concession／让步／nhượng bộ)]

3ばん　2

F：先週は風邪で休んでたって聞いたけど、もう大丈夫？

M：1　そうだね、風邪ひいていたからさ。

　　2　うん、おかげさまですっかり良くなったよ。

　　3　ううん、きっぱりやめたんだ。

⭐覚えよう

□おかげさまで：thanks to you ／托您的福／ nhờ trời, ơn trời

□すっかりよくなる：to get completely better ／完全好了／ hoàn toàn trở nên tốt, hoàn toàn khỏe lại

□きっぱりやめる：to quit cold turkey ／断然作罢／ dứt khoát từ bỏ

4ばん　1

M：レジ袋、5円かかりますがお付けしますか。

F：1　いえ、大丈夫です。持っています。

　　2　あ、私がつけますから大丈夫です。

　　3　すみません、明日持ってきます。

⭐覚えよう

□レジ袋：shopping bag ／塑料袋／ túi bóng khi mua hang, túi bóng siêu thị

□5円かかります＝5円必要です

※レジ袋が有料のスーパーがある。店員は「お付けしますか?」と聞く。無料の割りばし（chopsticks ／免费的一次性筷子／ đôi đũa tách miễn phí）やストローなども「お付けしますか」と聞かれることがある。

5ばん　1

F：あのう、資料が足りないみたいなんですが…。

M：1　え、すみません。何部足りませんか。

　　2　はい、そうみたいですね。

　　3　昨日はありましたか。

「〜みたい」は、「〜ようだ」と同じ意味。話し言葉。ここでは、資料が足りないとわかっているが、はっきり言わないで、「足りないみたい」とやわらかく言っている。

6ばん　3

M：「君の名は」っていう映画、見たことある？

F：1　えー、誰と行ったの？

　　2　うん、映画館はよく行くよ。

　　3　ごめん、何ていうタイトル？

「っていう」は「という」の [カジュアルな（casual ／随意／ thông thường, thân mật)] 言い方。「君の名は」という名前の映画、という意味。

7ばん　2

F：もう時間なので、今日の練習はこの
　辺で…。

M：1　あのう、どの辺ですか。

　　2　はい、お疲れさまでした。

　　3　明日もこの辺でお願いします。

「この辺」には、「だいたいこの場所」という意
味もあるが、時間を表すこともある。「この辺
で…」は「そろそろ終わりにしましょう (Let's
bring things to a close. ／差不多该结束了吧
／ kết thúc ở đây)」ということ。

8ばん　1

M：遅かったね。心配したよ。

F：1　ごめんね、思った以上に道が混
　　　んでて…。

　　2　うん、遅れないように気を付けよ
　　　うね。

　　3　すみません、10分遅れそうです。

女性が遅れてきて、男性が「心配したよ」と言
っている。「遅れないように気を付けようね」
を、遅れた人が言うのはおかしい。

9ばん　2

F：説明会の会場の準備はできましたか。

M：1　はい。いすを並べたり、資料を
　　　置いたりするつもりです。

　　2　はい。いすを並べて、資料を置
　　　いておきました。

　　3　はい。よく、いすを並べて、資
　　　料を置いたものです。

　1　「置いたりするつもりです」＝「(これか
　　　ら) 置こうと思っています」

　　3　「よく～したものだ」は、昔、よくしていた
　　　ことを、いい思い出として話すときに使
　　　う。

第3回　解答・解説

Answers・Explanations／解答・解说／Đáp án・giải thích

N3 げんごちしき(もじ・ごい)

じゅけんばんごう
Examinee Registration Number

なまえ
Name

〈ちゅうい Notes〉

1. くろいえんぴつ (HB、No.2) でかいて
   ください。
   Use a black medium soft (HB or No.2)
   pencil.
   (ペンやボールペンではかかないでくだ
   さい。)
   (Do not use any kind of pen.)

2. かきなおすときは、けしゴムできれい
   にけしてください。
   Erase any unintended marks completely.

3. きたなくしたり、おったりしないでくだ
   さい。
   Do not soil or bend this sheet.

4. マークれい Marking Examples

よいれい Correct Example	わるいれい Incorrect Examples
●	⊗ ○ ◯ ⦸ ⊖ ◑ ◓ ⬤

問題1

1	①	②	③	④
2	①	②	③	④
3	①	②	③	④
4	①	②	③	④
5	①	②	③	④
6	①	②	③	④
7	①	②	③	④
8	①	②	③	④

問題2

9	①	②	③	④
10	①	②	③	④
11	①	②	③	④
12	①	②	③	④
13	①	②	③	④
14	①	②	③	④

問題3

15	①	②	③	④
16	①	②	③	④
17	①	②	③	④
18	①	②	③	④
19	①	②	③	④
20	①	②	③	④
21	①	②	③	④
22	①	②	③	④
23	①	②	③	④
24	①	②	③	④
25	①	②	③	④

問題4

26	①	②	③	④
27	①	②	③	④
28	①	②	③	④
29	①	②	③	④
30	①	②	③	④

問題5

31	①	②	③	④
32	①	②	③	④
33	①	②	③	④
34	①	②	③	④
35	①	②	③	④

ごうかくもし かいとうようし

N3 げんごちしき（ぶんぽう）・どっかい

じゅけんばんごう
Examinee Registration Number

なまえ
Name

〈ちゅうい Notes〉

1. くろいえんぴつ (HB、No.2) でかいて
ください。
Use a black medium soft (HB or No.2)
pencil.
（ペンやボールペンではかかないでくだ
さい。）
(Do not use any kind of pen.)

2. かきなおすときは、けしゴムできれい
にけしてください。
Erase any unintended marks completely.

3. きたなくしたり、おったりしないでくだ
さい。
Do not soil or bend this sheet.

4. マークれい Marking Examples

よいれい Correct Example	わるいれい Incorrect Examples
●	⊗ ◯ ◯ ◯ ⦸ ⊖ ◑

問題1

1	①	②	●	④
2	①	●	③	④
3	●	②	③	④
4	●	②	③	④
5	●	②	③	④
6	①	②	③	●
7	●	②	③	④
8	●	②	③	④
9	①	●	③	④
10	●	②	③	④
11	●	②	③	④
12	●	②	③	④
13	①	●	③	④

問題2

14	●	②	③	④
15	①	②	●	④
16	①	②	●	④
17	●	②	③	④
18	●	②	③	④

問題3

19	●	②	③	④
20	●	②	③	④
21	①	②	●	④
22	①	②	●	④
23	①	②	●	④

問題4

24	●	②	③	④
25	●	②	③	④
26	①	●	③	④
27	①	②	●	④

問題5

28	●	②	③	④
29	①	●	③	④
30	①	②	●	④
31	①	●	③	④
32	①	②	●	④
33	①	②	●	④

問題6

34	①	②	③	●
35	①	●	③	④
36	●	②	③	④
37	●	②	③	④

問題7

38	①	②	③	●
39	①	●	③	④

ごうかくもし　かいとうようし

N3　ちょうかい

じゅけんばんごう
Examinee Registration Number

なまえ
Name

〈ちゅうい　Notes〉

1. くろいえんぴつ (HB、No.2) でかいて
   ください。
   Use a black medium soft (HB or No.2)
   pencil.
   (ペンやボールペンではかかないでくだ
   さい。)
   (Do not use any kind of pen.)

2. かきなおすときは、けしゴムできれい
   にけしてください。
   Erase any unintended marks completely.

3. きたなくしたり、おったりしないでくだ
   さい。
   Do not soil or bend this sheet.

4. マークれい　Marking Examples

よいれい Correct Example	わるいれい Incorrect Examples
●	⊗ ○ ◯ ⊖ ◐ ◑

問題1

れい	①	②	③	●
1	①	②	③	●
2	①	●	③	④
3	①	●	③	④
4	①	②	③	●
5	●	②	③	④
6	●	②	③	④

問題2

れい	①	②	③	●
1	①	②	③	●
2	●	②	③	④
3	●	②	③	④
4	●	②	③	④
5	●	②	③	④
6	①	②	③	●

問題3

れい	①	●	③	④
1	①	●	③	④
2	①	●	③	④
3	●	②	③	④

問題4

れい	①	●	③
1	①	●	③
2	●	②	③
3	①	●	③
4	①	●	③

問題5

れい	●	②	③
1	①	●	③
2	●	②	③
3	①	②	●
4	①	②	●
5	①	②	●
6	①	●	③
7	①	●	③
8	①	●	③
9	①	②	●

第3回　採点表と分析

		配点	正答数	点数
文字・語彙	問題1	1点×8問	／ 8	／ 8
	問題2	1点×6問	／ 6	／ 6
	問題3	1点×11問	／11	／11
	問題4	1点×5問	／ 5	／ 5
	問題5	1点×5問	／ 5	／ 5
文法	問題1	1点×13問	／13	／13
	問題2	1点×5問	／ 5	／ 5
	問題3	1点×5問	／ 5	／ 5
	合　計	58点		a ／58

60点になるように計算してみましょう。　a ☐ 点÷58×60＝ A ☐ 点

		配点	正答数	点数
読解	問題4	3点×4問	／ 4	／12
	問題5	4点×6問	／ 6	／24
	問題6	4点×4問	／ 4	／16
	問題7	4点×2問	／ 2	／ 8
	合　計	60点		B ／60

		配点	正答数	点数
聴解	問題1	3点×6問	／ 6	／18
	問題2	2点×6問	／ 6	／12
	問題3	3点×3問	／ 3	／ 9
	問題4	3点×4問	／ 4	／12
	問題5	1点×9問	／ 9	／ 9
	合　計	60点		C ／60

A B C のうち、48点以下の科目があれば
解説や対策を読んでもう一度チャレンジしましょう（48点はこの本の基準です）

※この採点表の得点は、アスク出版編集部が問題の難易度を判断して配点しました。

言語知識（文字・語彙）

問題 1

1 4 さぎょう
作業：work, operation ／工作，劳动／ Thao tác, công việc

2 1 さむい
寒い：cold ／冷，寒冷／ lạnh
🔊 2 暑い：hot ／热，炎热／ nóng
3 せまい：narrow ／窄，狭小／ hẹp
4 くさい：bad smelling ／臭／ hôi, thối

3 4 けいざい
経済：economy, economics ／经济／ kinh tế
🔊 2 経営：management ／ 経 営 ／ kinh doanh, quản lý

4 2 すなお
素直（な）：honest ／坦率／ ngoan ngoãn, chân thật
🔊 1 正 直（な）：honest, frank ／诚 实／ chính trực, thành thật
3 素敵（な）：wonderful ／好的，棒的／ tuyệt vời

5 1 きこう
気候：climate ／气候／ khí hậu
🔊 3 気温：air temperature ／气温／ nhiệt độ
4 季節：season ／季节／ mùa

6 2 しょうたい
招待：invitation ／招待／ mời
🔊 1 将来：future ／将来／ tương lai
2 紹介：introduction ／介绍／ giới thiệu
4 状 態：state, condition ／状态／ trạng thái

7 2 ゆうしょう
優勝：winning a championship ／优胜，获胜／ chiến thắng, vô địch

8 3 きょうりょく
協 力：cooperation ／协作，合作／ hợp tác, chung sức

問題 2

9 2 祖父
祖父：grandfather ／祖父，爷爷，外公／ ông
🔊 3 祖母：grandmother ／祖母，奶奶，外婆／ bà

10 3 満足
満足：satisfaction ／满足／ hài lòng, thỏa mãn

11 1 盗まれた
盗む：to steal ／偷，盗窃／ trộm, ăn cắp, trộm cắp
🔊 2 貯める：to save up ／积累，储蓄／ để dành, dành dụm
貯金：savings ／存钱，存款／ tiết kiệm, để dành
3 取る：to take, to get ／取，拿／ lấy
4 失う：to lose ／失去／ mất

12 2 現在
現在：present ／现在／ hiện tại

13 3 遠く
遠い：far, distance ／远，远的／ xa
🔊 1 違う：to be different ／不同，不对／ sai, nhầm, khác

13 3 遠（とお）く

遠（とお）い：far, distance／远，远的／xa

 1 違（ちが）う：to be different／不同，不对／sai, nhầm, khác

2 友達（ともだち）：friend／朋友／bạn bè

4 選（えら）ぶ：to choose／选，选择／lựa chọn

14 2 案外（あんがい）

案外（あんがい）：unexpected／出乎意料／bất ngờ, không ngờ, không tính đến

 1 以外（いがい）：with the exception of／以外，之外／ngoài ra, ngoài, trừ

4 意外（いがい）：unexpected／意外／ngoài dự tính, ngạc nhiên, ngoài sức tưởng tượng

問題（もんだい）3

15 3 アイデア

アイデアを出（だ）し合（あ）う：to combine／互相出主意／chia sẻ ý tưởng

 1 アクション：action／动作／hành động

2 ビジネス：business／商务，生意／kinh doanh

4 アンケート：questionnaire／问卷调查／phiếu điều tra, câu hỏi điều tra

16 4 出張（しゅっちょう）

出張（しゅっちょう）：business trip／出差／công tác

 1 出勤（しゅっきん）：going to work／出勤，出门上班／đi làm

2 行動（こうどう）：action, conduct／行动／hành động

3 往復（おうふく）：review／往返／khứ hồi

17 1 関心（かんしん）

関心（かんしん）：concern／感兴趣／sự quan tâm

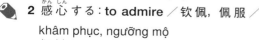 2 感心（かんしん）する：to admire／钦佩，佩服／khâm phục, ngưỡng mộ

3 熱心（ねっしん）な：enthusiastic／热心，热情／nhiệt tình

4 感動（かんどう）する：to be impressed／感动／cảm động

18 3 応援（おうえん）

応援（おうえん）：cheering／支持，声援／sự ủng hộ

 1 希望（きぼう）：wish／希望／nguyện vọng

2 感謝（かんしゃ）：appreciation／感谢／cảm ơn, cảm tạ

4 継続（けいぞく）：continuation／继续，持续／kế tục, liên tiếp

19 4 うろうろ

うろうろ：aimlessly／徘徊／quanh quẩn, tha thẩn

 1 がらがら

例 客（きゃく）が少（すく）なくて会場（かいじょう）はがらがらだ。

There were only a few visitors, so the venue was empty.

客人太少了，会场空荡荡的。

Khách vắng nên hội trường vắng ngắt

2 ぎりぎり：barely／极限／sát nút, gần hết giới hạn

例 しめきりぎりぎりに書類（しょるい）を提出（ていしゅつ）した。

I submitted the documents just before the deadline.

临近截止日期才提交了文件。

Nộp hồ sơ sát ngay hạn chót

3 ぶつぶつ：muttering／嘟哝／làu bàu,lẩm bẩm một mình

例 ぶつぶつと文句（もんく）を言（い）う。

She muttered a complaint.

发牢骚。

Lẩm bẩm cằn nhằn, càu nhàu

20 2 定価（ていか）

定価（ていか）：price／定价／giá hiện hành, giá niêm yết

 1 安価（あんか）：inexpensive／廉价，便宜／giá rẻ

3 値引（ねびき）：discount／降价／giảm giá

4 価値（かち）：value／价值／giá trị

2 発売：offering for sale／发售／phát hành, bán ra

3 出発：departure／出发／xuất phát

22 3 たおれました
たおれる：to collapse／倒，倒下／đổ, ngã, bất tỉnh

 1 こわれる：to break／坏，毁坏／hư, hỏng

2 おちる：to fall／掉，落／rơi, rớt

4 やぶれる：to be torn／破／rách

23 2 引き受けたら
引き受ける：to accept, to take on／接受，允诺／đảm nhận

 1 引っかける：to get caught in／挂，批／vương

3 引っぱる：to pull／拉，扯／kéo, lôi kéo

4 引き出す：to pull out／拉出，抽出／rút tiền

24 1 おさない
おさない：very young／幼小，年幼／ngây thơ

 2 おそろしい：dreadful／可怕，惊人／đáng sợ

3 めずらしい：rare／罕见／hiếm

4 ひどい：severe／过分，残酷／kinh khủng, khủng khiếp

25 1 利用
利用：utilization／利用／sử dụng

 2 信用：trust／信用，相信／tín nhiệm, tin tưởng

3 応用：application／应用／ứng dụng, áp dụng

4 費用：expense／费用／lệ phí, chi phí

問題4

26 1 ようやく
やっと＝ようやく：finally／终于，总算／cuối cùng thì

 2 すぐに：immediately／马上，立刻／ngay lập tức, tức thì

3 はやく：quickly／快，赶紧／mau, nhanh

4 ゆっくり：slowly／慢，不着急／thong thả

27 4 夏休みが終わった直後
～明け＝～が終わってすぐ

28 1 ぜんぶ
すべて＝ぜんぶ：everything, all／全部，所有／toàn bộ, tất cả

29 2 おかしい
異常＝おかしい：strange／异常，反常／bất thường, khác lạ

 1 ふつう：normal／普通，平常／bình thường

30 4 休みました
欠席する＝休む：to be absent／缺席，休息／vắng, nghỉ

 1 遅れる：to be late／迟，迟到／muộn, trễ

問題5

31 2 私は彼の言葉に注目している。
注目：attention／注目／chú ý, tâm điểm

 1 道を渡るとき、車に注意してください。
注意：caution／注意，当心／chú ý

32 3 ふるさとの山や川がなつかしい。
なつかしい：nostalgic／怀念，眷恋／hoài niệm, thân thương

 2 頭のいい人がうらやましい。

うらやましい：jealous ／羨慕／ ganh tị

4 みんなの前でころんで、とてもはずかしかった。

はずかしい：embarrassing ／丢脸，羞耻／ xấu hổ, ngượng

33 3 ドライブに行ったが、道路が渋滞していていらいらした。

いらいらする：to be irritated ／烦躁，焦躁／ sốt ruột

渋滞：traffic jam ／堵车，拥堵／ tắc đường, tắc nghẽn giao thông

2 夜空を見たら、星がきらきら光っていた。

When I looked at the night sky, the stars were shining.

仰望夜空，看到繁星闪烁。

Nhìn lên bầu trời đêm, những ngôi sang chiếu lấp lánh.

4 今年の夏は家族でハワイ旅行に行くので、今からうきうき／わくわくしている。

I'm going to Hawaii with my family this summer, so I'm getting excited now.

今年夏天和家人去夏威夷旅游，所以现在开始就很兴奋。

Mùa hè năm nay cả gia đình sẽ đi du lịch Hawaii, nên từ bây giờ tôi đã rất háo hức.

34 4 彼女は、この会社の給料が安いことに不満があるようだ。

不満：dissatisfaction ／不满／ bất mãn, không hài lòng

2 勉強に不要な物は、学校に持ち込まないでください。

不要：unnecessary ／不需要，无用／ không cần

3 その本を買おうと思ったが、お金が不足していて買えなかった。

不足：insufficient ／不足，不够／ không đủ, thiếu

35 4 風邪で咳が出るときは、ほかの人に迷惑をかけないように、マスクをしてください。

迷惑：nuisance ／麻烦／ làm phiền, phiền hà, quấy rầy

1 日本語学校を卒業したら、日本で進学するか、国へ帰って就職するか、迷っている。

迷う：to be lost ／迷茫，拿不定主意／ lúng túng, bối rối, lạc

2 海外旅行で迷子になって、本当に困った。

迷子：lost child ／迷路／ đứa bé bị lạc, bị lạc

3 いすがじゃまなので、後で片付けてください。

じゃま：obstacle ／妨碍，碍事／ cản trở, làm phiền

言語知識（文法）・読解

◆ 文法

問題 1

1　3　おこり
〜っぽい＝〜しやすい、すぐに〜する
□忘れっぽい＝よく忘れる

2　1　〜といっても
社長といっても＝「社長」という肩書き（title ／“社长”的头衔／có chức danh là giám đốc đi nữa）はあるが

 2　〜というのは：意味を表す。
　　　例「一目ぼれ」というのは、一度見ただけの人を好きになることです。
　　3　AといえばB＝AからBを思い出す／イメージする。
　　　例日本の花といえば桜でしょう。
　　4　AというよりB＝Aも間違いではないが、Bのほうが正しい。
　　　例今日はあたたかいというより暑い。

3　2　食べきれない
〜きれない＝全部〜することができない

4　2　たびに
〜たびに＝〜するときはいつも

 1　AついでにB：Aをするので、そのときにBもする
　　3　〜とたんに＝〜してすぐ／〜すると同時に
　　4　〜最中に＝〜をしているちょうどそのとき

5　2　ごらんください
ごらんください：「見てください」のていねいな言い方

6　4　ということだ
〜ということだ：「〜そうだ」と同じで［伝聞（hearsay ／传闻／lời đồn, truyền miệng）］を表す。

7　3　さえ
ひまさえあれば＝時間があるときはいつも

8　2　かゆみ
〜み：［形容詞］を［名詞］にする。
□痛い→痛み
□悲しい→悲しみ

 3　〜さ：［形容詞］を［名詞］にして［程度（degree ／程度／mức độ）］を表す。
　　　□大きい→大きさ（どのくらい大きいか）

9　4　ほど
〜すれば〜するほど：the more one 〜, the more 〜／越…越…／càng 〜 càng〜

10　1　忘れないうちに
〜ないうちに＝〜する前に

11　1　気味
風邪気味：slight cold ／有感冒的迹象／có vẻ như bị cảm

12　2　違いない
〜に違いない：it must be 〜／一定是…／không thể nhầm vào đâu được.

13　1　わけにはいかない
〜わけにはいかない：絶対に〜しなければならない

問題2

14 2
だいたい　3映画を　4見て　2すごしている
1ことが　おおいですね。

15 1
この漢字が　2読める　4人は　12人　3しか
いませんでした。

□ 〜しか…ない：**no ... except ~** ／只…，仅…
／chỉ~

16 1
ちょうど電話を　4しよう　2と　1している
3ところへ、友達が来た。

〜ようとする：**to attempt to ~** ／正要… ／
đang định~

17 2
子どもの　4きらいな　1野菜　2というと　3
にんじん　かな。

〜というと＝〜といえば

18 2
4いくら　3考えても　2わからない　1問題は、
だれかに聞いたほうがいい。

いくら〜ても：**no matter how much one ~**
／即使…也… ／cho dù ~ bao nhiêu đi chăng
nữa

問題3

19 1 そのなか
「日本に来て驚いたこと」の一つが「ごみの捨
て方」。すぐ前にあることばを指すので「そのな
か」が正しい。

20 1 でも
[接続詞（**conjunction** ／接续词 ／ liên từ）]
の問題では、前後をよく見ること。

この問題では、「一部のものは、捨てる場所が
決まっています。」と「そのほか〜まとめて捨て
ます」の間なので [逆接（**paradox** ／逆接 ／
ngược tiếp)] を選ぶ。

21 3 いつ捨ててもかまいません
いつ〜てもかまわない＝いつでも〜ていい

22 2 また
いくつかのことを説明するとき、「まず」→「ま
た」→「そして」「さらに」などのことばを順番
に使う。

23 2 分けることになっています
〜ことになっている：**to be expected to ~** ／
规定… ／được quy định

文字・語彙

文法

読解

聴解

◆ 読解

問題4

(1) 24 2

> 　カマキリという虫は、大きなカマのような手で、自分より小さい虫をつかまえます。特にオオカマキリの卵はスポンジのように大きく、この中で約200ぴきの兄弟がいっしょに大きくなります。でも、**2生まれるとすぐ、1ぴきだけで生活を始めます。**カマでつかまえた虫を食べて大きくなりますが、反対に**4ほかの虫に食べられることもめずらしくありません。1200ぴきいた兄弟もどんどん少なくなってしまいます。**カマキリの生活を見ていると、自然の世界の、食べたり食べられたりする関係がよくわかります。

2・4 カマキリは卵から生まれるまでは、たくさんの兄弟といっしょだが、生まれたあとは1ぴきで生活する。

1・3 ほかの虫に食べられて、兄弟はどんどん少なくなる。

えよう

☐ 約：about, approximately ／大约／ khoảng, cỡ
☐ どんどん：rapidly, steadily ／连接不断／ dần dần

(2) 25 1

> おーつでもOK!
>
> 予約限定　特製弁当
>
> **3前日（午前9時30分まで）のご注文でもOK！**
>
> ネットで簡単注文
>
> 【ステップ1】Webサイトへアクセス　24時間いつでも受付
>
> 【ステップ2】お店で受け取り　送料・手数料無料
>
> 【ステップ3】**4レジでお支払い**　電子マネーでも可
>
> ＊**1店頭でもご注文をお受けします**ので、お気軽にお声かけください。
>
> ＊**250個以上の場合は、配達についてもご相談ください。**

★ 覚えよう

□注文：order ／订购，点餐／đặt hàng
□受け取る：to accept ／领，取／nhận
□支払い：payment ／支付，付款／chi trả
□電子マネー：electronic money ／电子支付／ tiền điện tử, thẻ thanh toán điện tử
□〜可…：〜 is possible ／可以…，能够…／〜 được chấp nhận, có thể 〜 được
□配達：delivery ／送，配送／chuyển phát, chuyển hang, giao hàng

(3) 26 1

　思い出とはふしぎなものだ。私は10歳のとき、父と姉と富士山に登った。8月なのに頂上はとても寒くて雪が降ったこと、そこで飲んだ温かいミルクの味、そして朝に見た雲からのぼる太陽の美しさ…。どれも素晴らしく、今でもはっきり思い出せる。あのとき富士山に登って本当に良かった。

　一方で、記憶にないこともある。父によると、私は長い山道が苦しくて何度も泣いたそうだが、まったくおぼえていない。

　今、私は、富士山にもう一度登りたいとは決して思わない。素晴らしい思い出があるにもかかわらず。だから、父の話もまた本当なのだろうと思う。

★ 覚えよう

□思い出：memory ／回忆／ kí ức, hồi ức, hồi tưởng, kỷ niệm
□ふしぎ：amazing ／不可思议／ ngoài sức tưởng tượng
□登る：to climb ／攀，登／ leo lên, trèo lên,
□一方で：on one hand ／另一方面／ một mặt, mặt khác
□記憶：memory, remembrance ／记忆／ kí ức, trí nhớ
□苦しい：distressing ／艰难，痛苦／ khổ cực, đắng cay, vất vả

(4) 27 3

件名：Re: 青ポップの在庫について

2020年3月23日　10：32

山田様

文章の流れ

10歳のとき富士山に登った。いい思い出だ。
↓
苦しくて泣いたことはおぼえていない。
↓
今、富士山に登りたいと思わない。おぼえていないが、苦しかったからだろう。
↓
おぼえていないのにふしぎだ。

第3回

文字・語彙

文法

読解

聴解

このたびは「はじめてシューズ」についてお問い合わせいただきありがとうございます。

申し訳ございませんが、お問い合わせいただいた1青ポップ13cmは品切れとなっております。

追加で生産する予定はございません。

3青シック13cmか、みどりポップ13cmならございます。

また、4月1日には当社Webサイトにて新商品を発表する予定です。

子ども向けの商品も多数ございますので、3そちらもぜひごらんください。

1 青ポップをつくる予定はない。

3 ○

4 4月1日にWebサイトに新商品の情報が出る。山田さんが問い合わせをする必要はない。

□問い合わせ：inquiry ／咨询，询问／ liên lạc,
□申し訳ございません：I'm sorry ／十分抱歉／ xin lỗi
□品切れ：out of stock ／卖光，售罄／ hết hàng
□追加：addition ／追加／ (sản xuất) thêm
□当社：this company ／本公司，我公司／ công ty của chúng tôi
□商品：product ／商品／ hàng hóa
□発表：presentation, announcement ／发表，发布／ phát biểu
□〜向け：intended for ~ ／面向…／ dành cho~
□比べる：to compare ／比，比较／ so sánh
□ごらんください：please look (honorific) ／请看／ xin hãy xem, xin mời xem

問題5

(1) 28 1   29 2   30 4

　動物が息をするときは、鼻と口から空気を出し入れしている、と思う人も多いかもしれませんが、実は、口からも息ができるのは人間だけです。28動物は本当は鼻を使って息をするもので、人間も口を使うより、鼻を使って息をしたほうが、体にいいそうです。

28 息をする＝空気を体に入れたり出したりする

　例えば、鼻の中には空気の汚れをとるフィルターがあって、**29ごみやウイルスが体の中に入らない**ようにしています。また、空気が乾いているとウイルスが増えて風邪をひきやすいですが、空気が鼻を通るときに温められるので、ウイルスが増えにくくなります。それに、口から息をするよりも、多くの酸素を吸い込むことができるので、**29ぐっすり眠ることができる**し、体の働きがよくなって、**29疲れにくくなります**。

　30歌を歌ったり、スポーツをしたり、話したりすることを仕事にしている人は、口で息をするくせがついてしまうことがありますが、仕事のとき以外は、ぜひ鼻で息をするようにしてください。

	29 温かさを感じる、という話は書いていない。
	30 3つ書いてあるなかで、選択肢にあるのは4。

⭐ 覚えよう

- □ 実は：the truth is ／其实，实际上／sự thật thì
- □ 人間：human ／人类／con người
- □ ウイルス：virus ／病毒／vi rút
- □ 増える：to increase ／增加／tăng
- □ 酸素：oxygen ／氧气／oxy
- □ ぐっすり：soundly ／酣然／ngủ say, ngủ ngon giấc
- □ 働き：work ／机能／vận hành, công việc, làm việc
- □ くせ：habit ／习惯，癖性／thói quen, tật

(2) 31 2 　　 32 3 　　 33 4

　私の母は、朝ご飯によくおにぎりを作る。朝ご飯だけでなく、私や父のお弁当にも。でも私はそれを特においしいとは思わないで、毎日食べていた。

　ある朝、母が熱を出した。私は母の代わりに、初めておにぎりを作った。母のおにぎりは毎朝見ていたのに、うまく作れなかった。ご飯の量も、中に入れる具の量もよくわからないし、きれいな形にならない。当然、とてもおいしそうには見えない。それでも母は「すごくおいしいよ」と言って食べてくれた。**31「誰かが自分のために作ってくれたおにぎりって本当においしいんだよね、ありがとう。」**と。

31 すぐあとで「誰かが自分のために作ってくれたおにぎりって本当においしい」と言っているので、2が正解。

第3回

文字・語彙

文法

読解

聴解

そのとき私は思った。おにぎりは手でにぎって作る。ぎゅっぎゅっとにぎってくれたその人のことを思いながら食べるとき、おにぎりはおいしくなるのではないか、と。**32母は毎朝、大切な家族のことを思いながら、いくつもいくつもおにぎりをにぎっているのだと気づいてから**、私は、毎朝のおにぎりをとてもおいしいと**32感じるように**なった。

★覚えよう

☐量：amount ／量／ lượng
☐当然：naturally ／当然／ đương nhiên
☐おにぎりをにぎる：to make onigiri ／捏饭团／ vắt cơm nắm

問題6

34 4　　**35** 1　　**36** 2　　**37** 4

私は最近、着付け教室に通っている。着付けは着物を着る方法のことだ。なぜ日本人が、日本の伝統的な服を着る方法をわざわざ習うのかと思う人もいるだろう。日本人は昔、毎日着物を着ていたが、**34今ではほとんど洋服を着るようになった。着物は正月や結婚式などの機会に、ときどき着るだけである。**伝統的な日本のものとはいえ、多くの日本人にとって、着物を着るのはかんたんではない。洋服とは形がまったく違うし、ひもを何本も使うこともあるし、とにかくきれいに着るのは難しい。ちゃんと着ないとすぐに形がくずれてしまう。

32「～ようになる」は〔変化（change ／変化／ thay đổi）〕を表す。母が家族のことを思いながらにぎっていると気づいた。→ おにぎりをおいしく感じるようになった。だから正解は3。

33 質問の指す範囲が広いとき、文全体で筆者が言いたいことを選ぶ。（When the range of a question is too great, choose what the writer wants to say with the full sentence. ／当问题所指范围较宽时，选择作者在整篇文章中想要表达的内容。／ khi phạm vi câu hỏi hướng tới rộng, thì lựa chọn điều tác giả muốn nói trong toàn thể đoạn văn）

34 1は、今でも着ることがあるから✕。

しかし、うまく着られたときは本当に気持ちがよい。気持ちがすっきりとし、背中をまっすぐにして歩こうと思う。**35きつく結んだひもの強さが、心まで強くしてくれる**ような気がする。伝統的なものというのは、そういう力があるのかもしれない。

　私はそんな着物を、特別なものではなく日常のものにしたい。着物を着て買い物に行ったり、友達と食事をしたりしたい。そんなふうに着物と多くの時間を過ごすことで、大好きな**36着物と私の距離が近くなる**といいなと思う。そして、**37着物の力を日常の中でさらに感じられるようになりたいと何よりも強く思う。**

　37もちろん、もっと多くの人に、着物の良さを知ってもらいたいし、着物を着てほしいとも思う。でも私が着物を着る一番の理由はそこにあるのだ。

⭐覚えよう

- □方法：method／方法／phương pháp
- □伝統的な：traditional／传统的／mang tính truyền thống
- □まったく：entirely／完全／hoàn toàn
- □ひも：thread／带子／dây
- □くずれる：to fall apart／走样／hư, sụp, lệch
- □すっきり：with a feeling of relief／爽快，舒畅／khoai khoái, sảng khoái, dễ chịu
- □日常：daily／日常／thường ngày, hằng ngày
- □きつく結ぶ：to tie tightly／绑紧／buộc chặt
- □そんなふうに：in that way／像那样／kiểu như thế
- □過ごす：to pass (time)／生活，过日子／sống, trải qua
- □距離：distance／距离／khoảng cách

35 指示詞の問題では、すぐ前を探すと書いてあることが多い (In demonstrative problems, the answer is often found written right before the demonstartive. ／考查指示词的问题，多数情况下可以从前文中找到答案。／những câu hỏi về chỉ thị từ, thông thường nếu như tìm ngay liền phía trước đó, thì phần lớn thường được đề cập đến)。

36 この「距離が近い」は、「家から近い」ということではなく、精神的な距離 (emotional distance／精神上的距离／khoảng cách tinh thần) が近いということ。

37 「もちろんAと思う。でも〜」とある場合、Aに反対ではないが、いちばん言いたいことではない。いちばん言いたいことは、もう一つ前にある。

問題7

38 3　　**39** 1

☆富士山観光ホテル　レジャープラン☆

Ａ のんびりピクニックコース 約5kmのピクニックコースを景色を楽しみながらゆっくり歩きましょう ※お弁当付き 10時から13時 大人　1500円 子ども（6～10歳）1000円 子ども（5歳以下）500円	**Ｂ 富士山の石で時計作りコース** 火山岩（富士山の石）で自分だけのすてきな時計を作りましょう ※材料費は含まれます ①9時から90分 ②10時半から90分 （お好きな時間をお選びください） 1名2000円
Ｃ 夜の富士山と星空観察コース たくさんの星と夜の富士山をゆっくりと眺めましょう ※星空ガイド付き 18時から20時 大人　2000円 子ども（6歳以上）1000円 子ども（5歳以下）無料	**Ｄ 牧場ふれあい体験コース** 牧場で牛や羊、うさぎにさわったりえさをあげたりしましょう ※馬に乗ることもできます 9時から11時半 大人　1800円 12歳以下半額

★開始時間の30分前までにロビーにお集まりください

⭐覚えよう
・・・・・・・・・
□無料：free ／免費／ miễn phí
□半額：half-price ／半价／ giảm một nửa giá tiền

38　4つの時間だけを見て、17時半から次の日の11時の間でできるものを選ぶ。Bは「お好きな時間をお選びください」と書いてあるので、①に参加すればよい。

39　料金だけを見て考える。A：1500円×2＋1000円＋500円＝4500円。B：2000円×4＝8000円。C：2000円×2＋1000円＋0円＝5000円。D：1800円×2＋900円×2＝5400円。いちばん安いのはA。

聴解

問題1

れい　4　　🔊 N3_3_03

大学で女の人と男の人が話しています。男の人は何を持っていきますか。

F：昨日、佐藤さんのお見舞いに行ってきたんだけど、元気そうだったよ。

M：そっか、よかった。僕も今日の午後、行こうと思ってたんだ。

F：きっとよろこぶよ。

M：何か持っていきたいんだけど、ケーキとか食べられるのかな。

F：足のケガだから食べ物に制限はないんだって。でも、おかしならいろんな人が持ってきたのが置いてあったからいらなさそう。ひまそうだったから雑誌とかいいかも。

M：いいね。おすすめのマンガがあるからそれを持っていこうかな。

男の人は何を持っていきますか。

1ばん　4　　🔊 N3_3_04

女の人と男の人がセミナーについて話しています。女の人はこのあとすぐ何をしますか。

F：見てこのチラシ。一度、歌舞伎を見てみたいと思ってるんだけど、歌舞伎ってあまりよく知らないんだよね。これは、私みたいな人のために、歌舞伎に関する基本的な知識とか、話の見どころを説明してくれるっていうセミナー。

M：ふうん。全然知らないで見るより、勉強してから見たほうが楽しめるね、きっと。いつ？

F：今週の土曜日。それで来月26日は実際に歌舞伎を見に行こうと思っているんだ。

M：来月26日は大事な予定があるから難しいな。でもセミナーは受けるよ。そしたら次の公演のとき見られるかもしれないし。

F：歌舞伎の公演予定はインターネットでいつでも確認できるみたいだよ。チケットもネットで買えるって。

M：セミナーは？

F：えっと。「インターネットとお電話でお申し込みいただけます」だって。

M：ちょっと待って、**定員になり次第、締め切るって書いてあるから、先に電話してまだ申し込めるか聞いたほうがいいんじゃない？**

F：え？　あ、本当だ。急がないと。まだ席があるといいんだけど。

女の人はこのあとすぐ何をしますか。

電話で席が残っているか聞いたほうがいい、と言われているので、電話して申し込む。

⭐覚えよう

☐セミナー：seminar ／研讨会／ hội thảo
☐チラシ：leaflet ／传单／ tờ rơi
☐歌舞伎：kabuki ／歌舞伎／ Kabuki
☐〜に関する：relating to ~ ／关于…／ liên quan đến~
☐基本的：basically ／基本的／ một cách cơ bản
☐知識：knowledge ／知识／ tri thức, kiến thức
☐実際に：actually ／实际，真的／ trên thực tế
☐チケット：ticket ／票／ vé
☐ネット：the Internet ／网络／ mạng
☐申し込む：to apply for ／申请／ đăng ký
☐定員になり次第、締め切り：seats are limited ／人满截止／ sau khi đủ người sẽ hết nhận

2ばん　2

🔊 N3_3_05

夫婦が家族旅行について話しています。この家族はどこへ旅行に行きますか。

F：ねえ、夏休みの旅行、どこ行く？

M：そうだなぁ、北海道はどう？　涼しいし食べ物もおいしいし、子どもたちも喜ぶよ。

F：うーん、でも**飛行機代もかかるし、予算オーバー**かな。

M：そうか…

北海道は飛行機代がかかる。東京の遊園地は混んでいるし、列に並ぶのがたいへん。富士山は子どもには無理。
→京都

F：もう少し近い京都はどうかな。お寺や神社にたくさん行って、歴史の勉強にもなるし。

M：歴史の勉強かぁ、子どもたち喜ぶかなぁ。それより、東京の大きな遊園地で遊ぶっていうのは？

F：それもいいけど、遊園地は混んでいるし、暑いなか、何時間も列に並ぶのはたいへんだよ。

M：それなら、富士山に登ろうよ。富士山の上は暑くないし。

F：登山は、うちの子どもたちにはまだ無理じゃない？　何時間も歩くんだよ。

M：わかった。じゃあやっぱり歴史の勉強もできる旅行にしよう。

この家族はどこへ旅行に行きますか。

⭐覚えよう

☐予算：budget ／预算／ dự toán, ngân sách
☐遊園地：amusement ／游乐场／ khu vui chơi, khu giải trí
☐列：row, line ／队列／ hàng, dãy
☐登山：mountain climbing ／登山／ việc leo núi

3ばん　1

🔊 N3_3_06

女の人と店員が話しています。女の人が買うカーテンの大きさはどれですか。

F：すみません、カーテンを買いたいのですが。

M：はい、窓の大きさはおわかりですか。

F：はい、えーっと、幅が150cm、高さが100cmです。

M：そうしますと、幅はだいたい40cmを足して、高さには15cmから20cmくらいを足した長さのカーテンがよろしいと思います。

F：ということは…縦の長さは115cmから120cmということになりますね。

M：はい、短いほうが安いですよ。

F：わかりました。では、短いのでいいです。

女の人が買うカーテンの大きさはどれですか。

幅は150cm＋40cm＝190cm。高さは「115cmから120cm」の短いほうなので115cm。

覚えよう

□センチ＝cm
□幅：range ／宽度／ chiều rộng
□高さ：height ／高度／ chiều cao

4ばん　4

🔊 N3_3_07

> 男の人が図書館の使い方について話しています。この大学の学生は、いちばん多くて何冊本を借りることができますか。
>
> M：学生のみなさん、こんにちは。今日はこの大学の図書館の使い方について説明します。
>
> この図書館は一般の方も利用できますが、借りることができるのは2冊までです。しかしみなさんは3冊借りることができますので、必ず学生証をカウンターで見せてください。
>
> ただ、研究やレポート作成のためなど特別な理由があるときは、さらに5冊借りることができますから、その理由をカウンターにある用紙に記入して提出してください。
>
> この大学の学生は、一番多くて、何冊本を借りることができますか。

覚えよう

□一般：general ／普通，一般／ thông thường, dân chúng, người dân
□学生証：student ID ／学生证／ thẻ sinh viên
□カウンター：counter ／柜台／ quầy
□作成：creation, drafting ／作，制作／ viết
□さらに：furthermore ／再，更／ hơn nữa
□用紙：sheet of paper ／纸张，规定用纸／ mẫu giấy trắng
□記入：filling out (a form) ／填写／ điền vào
□提出：submission ／提出，提交／ nộp

5ばん　2

🔊 N3_3_08

> 子どもと父親が家の棚の前で話しています。2人は時計をどこに置きますか。

・一般：2冊
・学生：3冊＋特別なときは5冊

「さらに5冊」なので、いつもの3冊のほかに5冊借りることができる。

・いちばん上（1）は、落ちたら危ない
・下（4）に置くと見にくい
・隅（3）も同じで見にくい

→2

子：ねえ、お父さん。これ、この棚に置いてもいい？

父：ああ、きれいな時計だね、いいよ。

子：どこに置こうかな。

父：もし一番高いところに置いて、落ちたら危ないよ。真ん中が見やすいんじゃない？

子：でも僕、そこは届かなくて置けないよ。だからここは？

父：そんな下に置いたら、時間が見にくいよ。

子：そうかぁ、じゃあ、隅においても同じだね…

父：うん、届かないならお父さんが置いてあげるから、やっぱり見やすいところがいいよ。

子：うん、そうだね、ありがとう！

2人は時計をどこに置きますか。

⭐覚えよう
□届く：to reach ／达到，够得到／đến, tới, đạt tới

6ばん　2
🔊 N3_3_09

男の人が女の人の引っ越しを手伝っています。男の人は何を箱に入れますか。

F：来てくれてありがとう。助かるよ。

M：何から手伝おうか。

F：本棚の本を箱に入れてってくれる？ ────・本→入れる

M：わかった。DVDも？
┌・DVD→入れない。最近、あまり見ないから売る

F：それは売ろうと思って。最近、あまり見ないから。

M：はさみとかペンもいろいろ置いてあるけど。────・はさみとかペン＝文房具→入れる

F：それも入れておいて。あ、掃除の道具は入れないで。アパートを出る前にきれいにしなきゃいけないから。───・掃除の道具→入れない。最後に掃除するため

男の人は何を箱に入れますか。

文字・語彙

文法

読解

聴解

□引っ越し：moving (to a new residence) ／搬家／chuyển nhà
□文房具：stationary ／文具／văn phòng phẩm

問題2

れい　4

◀) N3_3_11

日本語学校の新入生が自己紹介しています。新入生は、将来、何の仕事がしたいですか。

F：はじめまして、シリンと申します。留学のきっかけは、うちに日本人の留学生がホームステイしていて、折り紙を教えてくれたことです。とてもきれいで、日本文化に興味を持ちました。日本の専門学校でファッションを学んで、将来はデザイナーになりたいと思っています。どうぞよろしくお願いします。

新入生は、将来、何の仕事がしたいですか。

1ばん　2

◀) N3_3_12

女の人と男の人が話しています。男の人はパソコンをいくらで買いましたか。

F：それ、新しいパソコン？

M：うん、買ったばかりなんだ。

F：いいなぁ、高そうだね。

M：うん。実はリーさんが同じものを先月買って、すごくいいっていうから、先週、お店に見に行ったんだ。そうしたら、定価が20万円もしてさ！

F：やっぱり高いのね。

M：でも、ちょうどお店がセール中で5万円も値引されていたんだよ。

F：え！　それで買ったの？

M：ううん、それでもちょっと高いなと思ったよ。それで家に帰ってよく考えたんだけど、どうしてもほしくなっちゃって、昨日、もう一度その店に行ったんだ。そしたら、なんと定価の半額になってたから、もう買わないわけにはいかなかったよ。

F：そう、いい買い物をしたわね。

男の人はパソコンをいくらで買いましたか。

会話の流れ

・定価20万円

・セール中で5万円
値引→15万円

・定価の半額→10万円

★ 覚 えよう

□定価：list price ／定价／giá niêm yết
□値引：discount ／降价／giảm giá
□〜わけにはいかない：〜ことはできない

買わないわけにはいかない＝買わないことはできない＝買う。買うしかない

2ばん　2

🔊 N3_3_13

女の人と男の人がハチについて話しています。ハチに針があるのはどうしてだと言っていますか。

F：うわ、その腕どうしたの？　はれてない？

M：うん、昨日庭の掃除をしてたらハチに刺されちゃって。

F：え？　大丈夫？

M：ミツバチだったから危なくないと思ったんだ。すぐ針をとって消毒したし、今はもう大丈夫。

F：今度掃除するときはもっと気をつけないとね。でも、ミツバチの針って、一回刺すともうぬけないんだって。

M：そうなんだ。じゃあ、僕を刺したあのハチにはもう刺されないってこと？

F：まあね。それに、**ハチの針は本当はメスが卵を産むためのものだから、オスには針がないし刺さない**って知ってた？ ── ハチの針は本当はメスが卵を産むためのもの、とある。

M：うん、聞いたことあるよ。でも外で活動しているハチはほとんどメスだから、やっぱり危ないよね。

ハチに針があるのはどうしてだと言っていますか。

□ハチ：bee ／蜜蜂／ ong
□針：stinger, needle ／针，刺／ kim
□はれる：to become swollen ／肿／ sưng
□消毒：disinfection ／消毒／ khử độc, khử trùng
□ぬく：to pull out ／拔，拔掉／ nhổ, rút ra, tháo
□産む：to give birth ／生产，分娩／ sinh, sinh sản
□オス⇔メス：male⇔female ／雄⇔雌／ con đực, giống đực⇔con cái, giống cái

3ばん　3
N3_3_14

テレビで女の人が、科学館について話しています。リニューアルで新しくなったことは何ですか。

F：来月、リニューアルオープンする科学館に来ています。今回のリニューアルで注目したいのは、星空を作り出せるプラネタリウム。リニューアル前から人気でしたが、今後は毎日日替わりでその日の夜の星空を映して、その日に見える星や、その星に関するお話を紹介することになったそうです。展示は、これまでのように、音・光・力・宇宙・新技術のテーマごとに、サイエンスショーを見たり、展示されているものの説明を聞いたりできます。サイエンスカフェや図書館、おみやげ物屋さんも前と同じようにありますので、みなさん、科学館がリニューアルオープンしたら、ぜひ遊びに行きましょう。

リニューアルで新しくなったことは何ですか。

プラネタリウムも図書館も、もともとあった。とくにプラネタリウムは「リニューアル前から人気」だと言っている。

覚えよう

□リニューアルオープン：reopening after renovation ／整修后再度开放／ khai trương mới
□人気：popularity ／受欢迎／ được yêu thích, ưa chuộng, hâm mộ
□今後：from now on ／今后／ từ này về sau, từ nay
□日替わり：changing every day ／一天一换／ thay đổi theo ngày
□映す：to be reflected ／映，照，投射／ chụp
□宇宙：space, universe ／宇宙／ vũ trụ
□テーマ：theme ／主题／ chủ đề
□〜ごと：each 〜, every 〜 ／每…／ mỗi

女の人と男の人がバランス能力について話しています。女の人ができないことは何ですか。

F：太田くんは片足立ちってできる？

M：片足立ち？　両足じゃなくて、こうやって1本の足だけで立つの？　ほら、できるよ。かんたんだもん。

F：じゃあ、目を閉じたらどう？　バランス能力のトレーニング。

M：目を閉じたらちょっと難しいけど、できると思うよ。…ほらできた。

F：じゃあ、**目は開けて、片足立ちのまま、このボールを上に投げて取る**っていうのは？

M：できるよ。ほらね。

F：すごいね。**私はできなかったよ。**バランス能力が低い人は、バランスをとってても、他にやらなきゃいけないタスクが与えられると、すぐバランスをくずしちゃうんだって。

女の人ができないことは何ですか。

男の人がやっていることをイメージしながら聞く。

⭐覚えよう

☐バランス：balance／平衡／thăng bằng, cân bằng
☐能力：ability／能力／năng lực, khả năng, sức
☐目を閉じる⇔目を開ける
☐ボール：ball／球／banh, bóng
☐ほらね：See?／你看，你瞧／bạn nhìn đi
☐タスク：task／任务／bài tập, nhiệm vụ
☐与える：to give, to bestow／给予／mang ra, đưa ra, gây ra, đem đến

男の人が、ジュニアオーケストラのコンサートについて話しています。コンサートの一番の目的は何ですか。

M：ジュニアオーケストラは、大人ではなく、小学生から高校生までの、子どもたちがメンバーのオーケストラです。ジュニアオーケストラは日本全国にいくつもありますが、今度、そのなかの8つのオーケストラが合同でコンサートを開くことになりました。お互いの演奏を聴いて勉強するというのも大事ですが、<u>一番のねらいは、同じぐらいの年齢で、同じようにオーケストラの活動を頑張っている子どもたちが、一つの場所で一緒に練習したり話をしたりして、交流を深めることです。</u>全国に同じ目標を持った友達ができれば、いつもの練習ももっと頑張ることができます。コンサートは一般の方もご覧いただけますので、興味のある方はぜひお問い合わせください。

コンサートの一番の目的は何ですか。

★ 覚えよう

□目的：goal, objective ／目的／ mục đích
□メンバー：member ／成员／ thành viên
□合同：union, combination ／联合，共同／ sự kết hợp, cùng nhau
□お互い：each other ／互相，相互／ lẫn nhau, với nhau
□演奏：musical performance ／演奏／ biểu diễn, trình diễn
□年齢：age ／年龄／ tuổi,tuổi tác, độ tuổi
□活動：activity ／活动／ hoạt động
□頑張る：to do one's best ／拼命努力／ cố gắng
□交流を深める：to deepen an exchange ／加深交流／ tăng cường giao lưu,
□全国：the whole country ／全国／ toàn quốc
□目標：goal, objective ／目标／ mục tiêu

6ばん　4

◀)) N3_3_17

女の人が、「よりそいホットライン」という電話でのサービスについて話しています。このサービスに電話すると、どんなことができますか。

F：よりそいホットラインは、<u>電話でいろいろな相談ができるサービス</u>です。いろいろな相談といっても、家族や友達に相談できる話は、ここでは受け付けていません。ほかの人にはあまり言いたくないけど、でも自分ひとりで考えたり悩んだりするのがつらくて大変なことを、電話で相談できるのです。24時間無料のサービスで、<u>スタッフが話を聞いて、一緒に解決する方法を探します。</u>7か国語の外国語にも対応しています。誰かに聞いてもらうだけで気持ちが少し楽になるかもしれません。何か道が見つかるかもしれません。秘密は必ず守ります。このサービスで一人でも多くの人を助けたいと思っています。

このサービスに電話すると、どんなことができますか。

⭐覚えよう

□サービス：service ／服务／ dịch vụ
□受け付ける：to accept, to receive ／接受，受理／ tiếp thu, tiếp nhận
□悩む：to be worried ／烦恼／ buồn phiền, lo âu
□つらい：tough, difficult ／痛苦，难受／ khổ sở, đau khổ
□内容：content ／内容／ nội dung
□解決：solution ／解决／ giải quyết
□気持ちが楽になる：to feel at ease ／心情舒畅／ tinh thần trở nên nhẹ nhõm
□秘密：secret ／秘密／ bí mật

問題3

れい　3

🔊 N3_3_19

日本語のクラスで先生が話しています。

今日は「多読」という授業をします。多読は、多く読むと書きます。本をたくさん読む授業です。ルールが3つあります。辞書を使わないで読む、わからないところは飛ばして読む、読みたくなくなったらその本を読むのをやめて、ほかの本を読む、の3つです。今日は私がたくさん本を持ってきたので、まずは気になったものを手に取ってみてください。

今日の授業で学生は何をしますか。

1 先生が本を読むのを聞く

2 辞書の使い方を知る

3 たくさんの本を読む

4 図書館に本を借りに行く

1ばん　1

N3_3_20

女の人と男の人が話しています。

F：ねえ、これどう思う？

M：いいんじゃない？

F：色も形も素敵なんだけど、ちょっと大きいかな…

M：サイズはどう？

F：ここに書いてあるサイズはちょうど私のと一緒なのよ。でも、これ、手で持つとちょっと重いの。疲れちゃうかもしれない。

M：とにかく一度、はいてみたら？　手で持つのと実際に歩くのとでは違うと思うよ。

二人は何を見ていますか。

1　くつ

2　かばん

3　ぼうし

4　シャツ

「はく」のは、ズボン、スカート、くつ、くつしたなど。

⭐覚えよう

□素敵：wonderful ／好的，棒的／ tuyệt vời

□サイズ：size ／尺码，尺寸／ kích thước, cỡ

テレビで美術館の人が話しています。

F：今月から「わくわくタイム」という新しいイベントを始めました。これは主に小学生向けのイベントです。毎週日曜日に、私たち職員と一緒に、美術館のなかで、絵をかいたり折り紙をしたりして楽しむものです。美術館というと、絵や芸術作品を見るところだと思う方が多いでしょう。もちろん、それも大切なことなのですが、私たちはこのイベントで、まず子どもたちに、美術館って楽しいところだ、と思ってほしいのです。

子どもたちが美術館で楽しい経験をしたら、美術館って素敵なところだと思ってくれることでしょう。子どもたちにとって美術館が、ときどき親に連れられて来るところではなく、自分から行きたいと思う場所になるように望んでいます。

「わくわくタイム」の目的は何ですか。

1　子どもたちに美術館を好きになってほしい

2　子どもたちに絵をたくさん見てほしい

3　子どもたちに1人で来てほしい

4　子どもたちに折り紙を展示してほしい

⭐覚えよう

□主に：mainly ／主要／ chủ yếu, chính
□芸術作品：artwork ／艺术作品／ tác phẩm nghệ thuật
□自分から：willingly ／自己，亲自／ tự bản thân mình
□望む：to desire, to wish for ／希望，期望／ mong muốn

・絵を描いたり折り紙をして楽しむ

・美術館で楽しい経験→素敵なところ

・自分から行きたいと思う場所

などのことばから、子どもたちに美術館を好きになってほしいと思っていることが伝わる。

第3回

文字・語彙

文法

読解

聴解

テレビで女の人と男の人が話しています。

F：毎日お忙しいと思いますが、お元気ですね。

M：ええ、今年で80歳になりますが、ほとんど病気にはなりません。毎日、元気に仕事もしています。会社まで毎日1時間歩いているのがいいのかもしれません。あと、食事も大切ですね。特に高価なものを食べたり、特別な健康食品を食べたりはしていません。いろいろなものをバランスよく食べることです。もちろん、睡眠も十分にとります。毎日9時に寝て5時に起きるようにしています。

男の人は何について話していますか。

1　毎日忙しい理由

2　健康のための習慣

3　病気を治す方法

4　仕事を辞めた後の生活

・会社まで1時間歩く

・いろいろなものをバランスよく食べる

・睡眠を十分にとる
→健康のためにやっていること

⭐覚えよう

□高価：high priced ／高价／ giá cao
□健康食品：health food ／健康食品／ thực phẩm dinh dưỡng
□睡眠：sleep ／睡眠／ giấc ngủ
□習慣：habit, custom ／习惯／ thói quen

問題4

れい　2

写真を撮ってもらいたいです。近くの人に何と言いますか。

M：1　よろしければ、写真をお撮りしましょうか。

　　2　すみません、写真を撮っていただけませんか。

　　3　あのう、ここで写真を撮ってもいいですか。

1ばん　1

先生の話がよく聞こえませんでした。何と言いますか。

M：1　すみません、もう一度言ってくださいませんか。

　　2　すみません、もう一度申し上げてください。

　　3　すみません、もう一度お話しになります。

えよう

□～てくださいませんか：「～てください」のていねいな言い方。

🏷 2　「申し上げる」は[謙譲語（humble language／谦让语／khiêm nhượng ngữ）]。自分が言うときに使う。

　3　「お～になる」は[尊敬語（honorific language／尊敬语／kính ngữ）]。先生に尊敬語を使うのはいいが、何かを頼む文になっていない。

2ばん　2

お金を入れてボタンを押しましたが、きっぷが出ません。何と言いますか。

F：1　あの、きっぷを買うわけがないんです。

　　2　すみません、きっぷが出ないんですが。

　　3　今、きっぷを買ったところです。

えよう

□～わけがない＝～はずがない、絶対に～しないはずだ

□～たところ＝ちょうどいま～した

3ばん　1

一週間の休みがほしいです。何と言いますか。

M：1　できれば、1週間の休みをいただきたいのですが。

　　2　ぜひ1週間の休みをお取りいただきたいです。

　　3　実は1週間、休みたがっているんです。

「いただきたいです」と言わないで、「～が…」と言うとやわらかくなる。

🏷 2　「お～いただく」は[尊敬語（honorific language／尊敬语／kính ngữ）]。相手に「休みをとってください」と言っているように聞こえる。

　3　～たがっている：(自分ではない人が)～したいと思っている

4ばん　3

友達の部屋が汚いです。何と言いますか。

M：1　わあ、掃除しちゃったね。

　　2　まるで部屋の掃除をするかのようだね。

　　3　部屋の掃除したらどう?

～したらどう?：[提案（suggestion ／提议，建议／đề nghị, đề xuất）]

　1　～しちゃった：「～してしまった」の [カジュアルな（casual ／随意／cách nói không trang trọng）] 言い方。

　2　（まるで）～かのようだ：～のようにみえる

問題5

れい　3

M：すみません、会議で使うプロジェクターはどこにありますか。

F：1　ロッカーの上だと高すぎますね。

　　2　ドアの横には置かないでください。

　　3　事務室から借りてください。

1ばん　1

F：今から一緒に映画を見に行かない?

M：1　明日、テストでそれどころじゃないよ。

　　2　いえいえ、こちらこそありがとう。

　　3　ごめんなさい、映画を見せてください。

それどころじゃない＝そんなことをしている時間がないほどたいへんだ

2ばん　2

M：すみません、この靴、履いてみてもいいですか。

F：1　はい、2500円です。

　　2　ええ、サイズは26cmですがよろしいですか。

　　3　はい、その後どこへ行きますか。

よろしいですか：「いいですか」のていねいな言い方。

3ばん　3

F：冬休みはどうしますか。

M：1　国には2年前に帰りました。

　　2　夏休みのほうが長いです。

　　3　ほとんどアルバイトです。

冬休みはどうしますか＝今度の冬休みは何をしますか。

4ばん　3
 N3_3_34

M：ご家族にはときどき電話をかけますか。

F： 1　はい、すぐにかけます。

　　 2　いいえ、電話がすぐに切れました。

　　 3　はい、1週間に1回ぐらいです。

「ときどき」と［頻度（frequency ／频率／tần xuất）］を聞いているので、「1週間に1回ぐらい」が正解になる。

 2　電話が切れる：to drop (a call) ／电话断线／điện thoại ngắt máy

5ばん　2
 N3_3_35

M：アンさんのお母様はどんな方ですか。

F： 1　はい、父は厳しい人です。

　　 2　そうですね…料理が上手です。

　　 3　わかりました、すぐに母に電話します。

6ばん　1
 N3_3_36

F：ヨウさん、手、どうしたんですか。

M： 1　料理をしていて、やけどをしました。

　　 2　どういたしまして。

　　 3　食事の前には手を洗いましょう。

7ばん　3
 N3_3_37

F：最近、調子がよさそうだね。どうしたの？

M： 1　そうですね、最近調子が悪くなりました。

　　 2　去年は大きな病気をしたものですから…。

　　 3　運動を始めてから、よく眠れるようになったんです。

眠る：to sleep ／睡觉／ngủ

8ばん　3
 N3_3_38

F：これ、ひとついただいてもいいですか。

M： 1　ええ、ごちそうさまでした。

　　 2　はい、いただきます。

　　 3　あ、どうぞ。

いただいてもいいですか。：「もらってもいいですか」のていねいな言い方。

9ばん　2
 N3_3_39

F：スピーチコンテストの準備、私にできることある？

M： 1　えっ、何も手伝ってくれないの？

　　 2　ありがとう。でも、大丈夫。

　　 3　何でも頼んで。

読解・聴解問題の作問協力

チョチョル（上久保）明子　フリーランス日本語講師
後藤りか　フリーランス日本語講師

言語知識問題の作問協力

天野綾子、飯塚大成、碇麻衣、氏家雄太、占部匡美、遠藤鉄兵、大澤博也、カインドル宇留野聡美、
笠原絵理、嘉成晴香、後藤りか、小西幹、櫻井格、柴田昌世、鈴木貴子、田中真希子、戸井美幸、中
越陽子、中園麻里子、西山可菜子、野島恵美子、濱田修、二葉知久、松浦千晶、松本汐理、三垣亮子、
森田英津子、森本雅美、横澤夕子、横野登代子（五十音順）

はじめての日本語能力試験　合格模試Ｎ３

2020年1月27日　初版　第1刷発行
2024年4月 9 日　初版　第4刷発行

編著	アスク編集部
DTP	朝日メディアインターナショナル 株式会社
カバーデザイン	岡崎 裕樹
翻訳	Malcolm Hendricks　唐 雪　Nguyen Thi Ai Tien
イラスト	須藤 裕子
ナレーション	安斉 一博　氷上 恭子
印刷・製本	株式会社 光邦
発行人	天谷 修身
発行	株式会社 アスク
	〒162-8558 東京都新宿区下宮比町2-6
	TEL 03-3267-6864　FAX 03-3267-6867

アンケートにご協力ください
https://www.ask-books.com/support/

N3
げんごちしき（もじ・ごい）
（30ぷん）

ちゅうい
Notes

1. しけんが　はじまるまで、この　もんだいようしを　あけないで　ください。
   Do not open this question booklet until the test begins.

2. この　もんだいようしを　もって　かえる　ことは　できません。
   Do not take this question booklet with you after the test.

3. じゅけんばんごうと　なまえを　したの　らんに、じゅけんひょうと　おなじように　かいて　ください。
   Write your examinee registration number and name clearly in each box below as written on your test voucher.

4. この　もんだいようしは、ぜんぶで　5ページ　あります。
   This question booklet has 5 pages.

5. もんだいには　かいとうばんごうの　1、2、3…が　ついて　います。
   かいとうは、かいとうようしに　ある　おなじ　ばんごうの　ところに　マークして　ください。
   One of the row numbers 1, 2, 3… is given for each question. Mark your answer in the same row of the answer sheet.

じゅけんばんごう　Examinee Registration Number	
なまえ　Name	

問題1 ＿＿＿＿のことばの読み方として最もよいものを、1・2・3・4から一つえらびなさい。

1 コンピューターの会社に転職します。
　　1　てんしょく　　　2　てんきん　　　3　しゅうしょく　　4　しゅうきん

2 今日の晩ごはんは何にしようか。
　　1　よる　　　　　　2　ばん　　　　　3　ゆう　　　　　　4　ひる

3 このレストランは夜おそくまで営業している。
　　1　かいぎょう　　　2　えいぎょう　　　3　へいぎょう　　4　こうぎょう

4 駅に行くにはこちらの方が近道ですよ。
　　1　きんどう　　　　2　ちかどう　　　　3　きんみち　　　4　ちかみち

5 彼の長年の努力がやっと世間の人々に認められた。
　　1　たしかめ　　　　2　ほめ　　　　　　3　みとめ　　　　4　もとめ

6 プラスチックの原料は石油だ。
　　1　げんりょう　　　2　ざいりょう　　　3　ねんりょう　　4　ちんりょう

7 道路が渋滞していたので遅刻してしまった。
　　1　じゅんだい　　　2　じゅうたい　　　3　じゅたい　　　4　じゅうだい

8 その調子でがんばりましょう。
　　1　ちょこ　　　　　2　ちょし　　　　　3　ちょうこ　　　4　ちょうし

問題2 _____ のことばを漢字で書くとき、最もよいものを、1・2・3・4から一つえらびなさい。

9 子どもと公園であそびました。

1 逃び   2 連び   3 遅び   4 遊び

10 救急車で運ばれた男性はじゅうたいだそうだ。

1 十代   2 重大   3 重体   4 十体

11 今、外にいるんです。きたくしたら、もう一度電話します。

1 帰家   2 着家   3 帰宅   4 着宅

12 つめたいジュースを飲んだ。

1 冷たい   2 凍たい   3 寒たい   4 涼たい

13 風邪のときは睡眠とえいようをしっかりとってくださいね。

1 体調   2 休養   3 栄養   4 治療

14 世界中の人がこのニュースにかんしんを持っている。

1 関心   2 感心   3 完心   4 観心

問題3 （　　　）に入れるのに最もよいものを、1・2・3・4から一つえらびなさい。

15 工場見学をご（　　　）の方は、私にお知らせください。
　　1　興味　　　　　2　期待　　　　　3　確認　　　　　4　希望

16 息子の進学のために、毎月（　　　）している。
　　1　貯金　　　　　2　税金　　　　　3　現金　　　　　4　代金

17 運動（　　　）なので、ジョギングを始めます。
　　1　不安　　　　　2　不足　　　　　3　不良　　　　　4　不満

18 昨日、何もしないで早く寝たので、（　　　）元気になった。
　　1　すっかり　　　2　ぐっすり　　　3　はっきり　　　4　ぴったり

19 新井さんに花の（　　　）をたくさんもらいました。
　　1　林　　　　　　2　種　　　　　　3　草　　　　　　4　葉

20 昨日のテストの（　　　）が心配だ。
　　1　研究　　　　　2　検査　　　　　3　調査　　　　　4　結果

21 去年の旅行では（　　　）が多くて大変でした。
　　1　ドリブル　　　2　トラブル　　　3　サポート　　　4　サイクル

22 階段を降りるときに（　　　）らしく、足が痛い。
　　1　ひねった　　　2　ほった　　　　3　なでた　　　　4　しぼった

23 私の上司は仕事をしながら（　　　）ばかり言っている。
　　1　会話　　　　　2　電話　　　　　3　文句　　　　　4　笑顔

24 試合で負けて、とても（　　　）。
　　1　はげしい　　　2　くやしい　　　3　あやしい　　　4　むずかしい

25 昨日の自動車事故の（　　　）は、エンジンの故障らしい。
　　1　理解　　　　　2　説明　　　　　3　原因　　　　　4　様子

問題4 ＿＿＿＿＿に意味が最も近いものを、1・2・3・4から一つえらびなさい。

26 さいきん、ますます寒くなってきた。
　　1　ゆっくり　　　2　さらに　　　3　きゅうに　　4　すこし

27 このサイトで5千円以上買うと送料がただになるよ。
　　1　割引　　　　2　無料　　　　3　得　　　　4　半額

28 夏は食べ物がくさりやすい。
　　1　よくなり　　　2　かたくなり　　3　あつくなり　4　だめになり

29 会議では、そっちょくな意見が出なかった。
　　1　しょうじきな　2　なまいきな　　3　むずかしい　4　あたらしい

30 となりの家の犬がやかましい。
　　1　うるさい　　　2　おもしろい　　3　やさしい　　4　つよい

問題5　つぎのことばの使い方として最もよいものを、1・2・3・4から一つえらびなさい。

31 決して
1　先生のことは、決して忘れません。
2　姉は、休みの日に決してこの店で買い物をする。
3　明日は決して雨がふるだろう。
4　近所の人に会ったら、決してあいさつをしましょう。

32 転送
1　会議の場所のメールを後輩にも転送した。
2　横を見ながら転送すると危ないですよ。
3　郵便局へ行って荷物を転送した。
4　家を転送して住所が変わった。

33 誘う
1　3年付き合った彼に、結婚してくれと誘われた。
2　部下から来週月曜日は休ませてほしいと誘われた。
3　父からもっと勉強を頑張るように誘われた。
4　友達に文化祭を見に行こうと誘われた。

34 食欲
1　体調が悪くて食欲がない。
2　この油は食欲なので料理に使います。
3　もうすぐ食欲の時間ですよ。
4　お昼ご飯は近くの食欲で食べます。

35 安定
1　安定のためにヘルメットをかぶりなさい。
2　休みの日は安定してビールが飲める。
3　平日のカフェはゆっくり安定できる。
4　今より安定した仕事を見つけたい。

N3

言語知識（文法）・読解

（70分）

注　意

Notes

1. 試験が始まるまで、この問題用紙を開けないでください。

   Do not open this question booklet until the test begins.

2. この問題用紙を持って帰ることはできません。

   Do not take this question booklet with you after the test.

3. 受験番号と名前を下の欄に、受験票と同じように書いてください。

   Write your examinee registration number and name clearly in each box below as written on your test voucher.

4. この問題用紙は、全部で19ページあります。

   This question booklet has 19 pages.

5. 問題には解答番号の　1　、　2　、　3　…が付いています。
   解答は、解答用紙にある同じ番号のところにマークしてください。

   One of the row numbers　1　,　2　,　3　… is given for each question. Mark your answer in the same row of the answer sheet.

受験番号　Examinee Registration Number	

名前　Name	

問題1　つぎの文の（　　　　）に入れるのに最もよいものを、1・2・3・4から一つえらびなさい。

1 本当にその仕事がしたければ、何度でも挑戦_{ちょうせん}してみる（　　　）だ。

 1　わけ   2　せい   3　つもり   4　べき

2 勉強のできる長男（　　　　）、次男はサッカーのことしか頭にない。

 1　にとって   2　にしては

 3　にかわって   4　にたいして

3 もし暑_{あつ}い（　　　　）、店員にお知らせください。

 1　ようでしたら   2　ときなので

 3　からといって   4　ものですから

4 暑_{あつ}い日はアイスクリーム（　　　　）ね。

 1　のみだ   2　にかぎる   3　のおかげだ 4　きりだ

5 子どものころは夏休み（　　　）祖母_{そぼ}の家で過ごしていた。

 1　を   2　へ   3　が   4　と

6 昨日_{きのう}、（　　　　）おみやげを買っておいたのに、持ってくるのを忘_{わす}れてしまった。

 1　めったに   2　せっかく   3　まったく   4　ぜったい

7 熱_{ねつ}があるなら、今日はゆっくり休む（　　　　）。

 1　そうだ   2　というものだ

 3　ことだ   4　ものだ

8 全員が（　　　　）、会議_{かいぎ}を始めましょう。

 1　集まっても   2　集まったところ

 3　集まりしだい   4　集まると

9 電車が止まってしまったから（　　　　）。

 1　歩くことはない   2　歩くしかない

 3　歩こうともしない 4　歩けなかった

10 先生はまるで私の親（　　　　）かのように、私のことを考えてくれる。

1　みたい　　　　2　である　　　　3　だろう　　　　4　そう

11 かべに「禁煙」という紙がはってあります。「ここでたばこを（　　　　）」という意味です。

1　吸いな　　　　2　吸え　　　　3　吸おう　　　　4　吸うな

12 エアコンを（　　　　）出かけてしまった。

1　ついたまま　　　　　　　　　2　つけたまま

3　ついている間　　　　　　　　4　つけている間

13 彼は今、入院しているから、今日のパーティーに来られる（　　　　）。

1　とはかぎらない　　　　　　　2　べきではない

3　ことがない　　　　　　　　　4　はずがない

問題2　つぎの文の＿★＿に入る最もよいものを、1・2・3・4から一つえらびなさい。

（問題例）

木の ＿＿＿＿ ＿＿＿＿ ＿★＿ ＿＿＿＿ います。
　　　1　が　　　2　に　　　3上　　　4ねこ

（解答のしかた）

1.　正しい答えはこうなります。

木の ＿＿＿＿ ＿＿＿＿ ＿★＿ ＿＿＿＿ います。
　　　3上　　　2に　　　4ねこ　　1が

2.　＿★＿に入る番号を解答用紙にマークします。

（解答用紙）　| （例）| ①　②　③　● |

14 週末に ＿＿＿＿ ＿＿＿＿ ＿★＿ ＿＿＿＿ を探しています。
　　1　アルバイトをして　　　　2　留学生
　　3　くれる　　　　　　　　　4　うちの店で

15 どんなにつらくても、生きていかなければならない。 ＿＿＿＿ ＿＿＿＿ ＿★＿ ＿＿＿＿
　　喜びもあるのだ。
　　1　こそ　　　　2　いる　　　　3　から　　　　4　生きて

16 店長「お客さんから、スタッフの ＿＿＿ ＿＿＿ ＿★＿ ＿＿＿ があった。君か
　　　　ら、スタッフに注意してくれ。」
　　副店長「かしこまりました。」
　　　1　元気がない　　2　という　　　　3　クレーム　　　4　あいさつに

17 私の ＿＿＿ ＿＿＿ ＿★＿ ＿＿＿ いない。
　　　1　ほど　　　　　2　恋人　　　　　3　は　　　　　　4　かわいい人

18 この図の ＿＿＿ ＿＿＿ ＿＿＿ ＿★＿ ください。
　　　1　紙を　　　　　2　とおりに　　　3　みて　　　　　4　折って

問題3　つぎの文章を読んで、文章全体の内容を考えて、[　19　]から[　23　]の中に入る最もよいものを、1・2・3・4から一つえらびなさい。

下の文章は、留学生が書いた作文です。

「日帰り温泉」

ルイス

　日本に来る前、私は温泉には行きたくないと思っていました。[　19　]、私の国にはない習慣で、他の人と風呂に入るのは恥ずかしいと思ったからです。でも、日本人の友達[　20　]、日本人は温泉を楽しむために来ているので、周りの人のことは全然気にしないそうです。このことを知ってから、私も友達と旅行に行って、あまり気にしないで温泉を[　21　]。

　温泉というと、観光地などのホテルや旅館へ泊まって入るイメージがありますが、最近はショッピングモールなどにも温泉があり、遠くまで行かなくても、温泉に入ることができます。[　22　]、その日のうちに行って帰ってこられる温泉は「日帰り温泉」と呼ばれています。

　家で入るお風呂も気持ちがいいですが、広いお風呂に入ったり、温泉のあとのマッサージなどゆっくりできるサービスを受けたりするのは、リフレッシュできて気持ちがいいです。[　23　]、温泉はお湯の成分が体にいいので、今度国から家族や友達が来たら、ぜひ日帰り温泉に連れていきたいと思います。

016

19

    1 そのうえ   2 それと   3 だから   4 なぜかというと

20

    1 だからこそ   2 によると   3 となると   4 に似て

21

    1 楽しまされました   2 楽しかったかもしれません

    3 楽しめるようになりました   4 楽しんだと思います

22

    1 あのように   2 このような   3 それから   4 あれから

23

    1 たとえば   2 一方で   3 とはいえ   4 何より

問題4　つぎの(1)から(4)の文章を読んで、質問に答えなさい。答えは、1・2・3・4から
　　　　最もよいものを一つえらびなさい。

(1)

　線香花火は手で持つタイプの花火で、火をつけると火の玉ができます。火花は小さく、木の
小枝のようにパチパチと飛び散り、だんだん弱くなって最後には火の玉がポトっと落ちます。火
花が長く続くようにするには、火をつける前に火薬が入っている部分を指で軽く押さえて空気を
抜くといいようです。また、新しい花火より1年前の花火のほうが、火薬が中でよくなじんで安
定したきれいな花火が見られるという人もいます。余ったら袋に入れて、冷暗所に置いておくと
いいでしょう。

24 この文章で言っていることと合っているのはどれですか。

　　1　線香花火は危ないので手で持ってはいけない。

　　2　火薬の空気を抜くと、火花が長く続く。

　　3　新しい花火のほうがきれいに見られる。

　　4　新しい花火は冷蔵庫で冷やしてから使う。

(2)

これは会社の人が社員に送ったメールである。

みなさま

お疲れさまです。

明日の7：00から10：00に電気設備の交換工事が予定されています。

その時間はビル全体で電気が止まります。

つきましては、明日の始業時間は10：00とします。

部長会議は9：30からの予定でしたが、10：30からに変更します。

朝は停電のため、電話やWi-fiがつながらなくなります。

必要に応じて、社外の人に伝えてください。

今日は、パソコンの電源は切って帰ってください。

よろしくお願いします。

関口

---

25 このメールを受け取った社員全員がしなければいけないことは何か。

1 電気設備を交換する

2 会議に出席する

3 社外の人に伝える

4 帰るときにパソコンの電源を切る

(3)

　ジュースなどを飲むのに、ストローを使って飲む人は多いでしょう。しかし今、このストローがよくないという意見が世界中で増えています。原料であるプラスチックがごみとなり、海を汚し、そこに住む生物に悪い影響を与えているのです。

　このため、プラスチックのストローを使うのをやめようという運動が始まっています。そのかわりに考えられたのが、紙や木からつくられたストローです。これらはすでにいくつかのコーヒーショップやレストランなどで使われていますが、値段が高いことが問題です。これについては今後解決しなければなりません。

26 この文章を書いた人は、ストローについてどのように考えているか。
1　環境に悪い影響を与えないストローが、安く作られるとよい。
2　海で飲み物を飲むときに、ストローを使うのは良くない。
3　プラスチックで作ったストローは、高いから良くない。
4　環境のためならストローの値段は関係ない。

学生のみなさん

駐輪場の工事について

1月28日より2月12日まで工事を行うので、現在利用している北駐輪場と南駐輪場は利用できません。

自転車は東駐輪場に、オートバイは西駐輪場に停めてください。

どちらの駐輪場も朝7時に門が開きます。それ以前に利用したい場合は、学生課に申し込みをしてください。特別に職員用駐輪場を利用できます。

なお、すべての駐輪場は夜9時に閉まります。それ以降は自転車・オートバイを出せませんのでご注意ください。

学生課

27 文の内容について正しいものはどれか。

1 自転車とオートバイは、それぞれ別の駐輪場に停めなければならない。

2 夜9時以降は、自転車は出すことができるが、オートバイは出すことができない。

3 工事期間中は、平日だけ北駐輪場と南駐輪場を利用できない。

4 朝7時前は、誰でも職員用駐輪場に自転車やオートバイを停めてよい。

問題5 つぎの⑴と⑵の文章を読んで、質問に答えなさい。答えは、1・2・3・4から最もよいものを一つえらびなさい。

⑴

　日本は地震が多い国だから考えておかなければならないことがある。地震がおこったときにまずどうするかということと、地震がおこる前に何を準備しておくかということだ。

　実際に揺れを感じたら、まず机やテーブルなどの下にかくれる。そして揺れが止まった後、台所で火を使っていたら消して、それから安全な場所へ逃げる。逃げる場所は、市や町が決めた学校などが多いので、確認しておく必要がある。これについては事前に家族で話し合い、実際に一度、家からそこまで歩いておくのもいいだろう。
　　　　　　　　　　　　　　①

　また、地震がおこる前に重要なのは、食料と水の用意だ。少なくとも、3日分の量が必要だと言われている。私がすすめる方法は、それらを特別に買って保存するのではなく、いつもより少し多めに買い、使ったらまた足すという方法だ。食料は料理しなくても食べられるものがいいだろう。

　このように、普段の生活の中で、地震に対する準備をしておくことが必要なのだ。
　　　　　　　　　　　　　　　　　　　　　②

28 地震がおこったときには、最初に何をするか。

1　すぐに外へ逃げる

2　何かの下に入って身を守る

3　料理で使っている火を消す

4　家族で話し合う

29 ①そことはどこのことか。

1　市や町が決めた場所

2　揺れが止まった部屋

3　食べ物や水を買う店

4　机やテーブルの下

30 ②準備とあるが、例えばどんな準備か。

1　3日前から地震について考えておくこと

2　食料を多めに買って家で食べてみること

3　食料や水を確保しておくこと

4　地震が起こったときにすぐに外やほかの場所へ逃げること

(2)

　レトルトカレーは、数分温めるだけで簡単にカレーが食べられる商品です。レトルトという技術ははじめ、アメリカで軍隊が遠くへ出かけるときに持っていく携帯食として開発され、アポロ11号の宇宙食にも使われたことがあります。日本の企業がそのレトルト技術を研究し、家庭の食品用に利用したのです。

　製造の工程を見ると、レトルトカレーは三重構造になっている特別な容器に入れられ、真空パックされます。このとき、材料の肉は先にゆでられますが、野菜はまだ生のままです。そのあと、圧力が加えられ120度の温度で35分間、加熱して材料に火を通し、菌を殺します。こうすることで、約2年間も保存することができます。

　レトルトカレーの材料は、一般的なものから変わったものまでいろいろあり、日本各地の名産品が使われることも多くあります。食感や甘さなど、それぞれの名産品の良さをいかして、新しい味のレトルトカレーがたくさん作られています。

31　レトルトの技術は、はじめ何のために開発されたと言っているか。

1　カレーを食べたことのない人が、カレーの味を知るため。

2　忙しくて時間がない人が、簡単に食事をとるため。

3　海外旅行のときに、おみやげとして持って帰るため。

4　料理ができない場所で、食事をするため。

32　レトルトカレーの製造方法で、合っているものはどれか。

1　材料の肉は、野菜より先に火を通す。

2　野菜は生のままで製品になる。

3　材料は、低温で何時間もかけて料理される。

4　容器は三重構造で、いろいろなものに使える。

33　この文章の言っていることと合っているものはどれか。

1　レトルト技術は、日本の企業がはじめに開発した。

2　レトルト技術は、カレーにだけ利用されている。

3　レトルトカレーは、長い間保存することができる。

4　レトルトカレーは、昔から同じ味で作られている。

　風呂敷というのは、四角い布のことで、物を包むのに使います。包んだものを運んだり、しまったり、人に贈ったり、幅広い使い方があります。しかし、最近では物を運ぶのには紙袋やレジ袋が、物をしまうのにはプラスチックの箱や段ボール箱が使われるようになり、風呂敷は昔ほど使われなくなりました。

　風呂敷のように、四角い布を生活の中で広く利用する習慣は、世界のいろいろな地域で見られます。日本では奈良時代から使われていたことがわかっていますが、風呂敷という言葉は江戸時代に広がりました。風呂で脱いだ服を包んだり、風呂から出るときに床に敷いたりしたことから、そう呼ばれるようになりました。その後、風呂以外でも、旅の荷物やお店の商品を運ぶのに使われるようになりました。風呂敷は、包むものの大きさによって、いろいろな大きさがあります。包み方を変えれば、長いものや丸いものなど、いろいろな形のものも上手に包んで運ぶことができます。

　最近では環境破壊が問題になっていますが、風呂敷は何度もくり返し使えるため、エコバッグとして見直されています。物を包むだけではなく、物の下に敷いたり、壁にかけたりすれば、インテリアとしても活用することができるのです。

34 風呂敷とは、どんなものだと言っているか。
1　お風呂で体を洗うときに使う布
2　お風呂のあとで体をふくときに使う布
3　家の出入口などの床に敷く布
4　物を包んで運んだりしまったりする布

35 風呂敷という名前になったのは、どうしてだと言っているか。
1　昔は風呂屋だけで売られていたから。
2　昔は風呂屋の入り口にかけられていたから。
3　昔は風呂から出るときに床に敷いたりしたから。
4　昔は風呂に入らずに布で体をふいていたから。

36 風呂敷について、合っているものはどれか。

1　日本の風呂敷は、いろいろな形のものがある。

2　日本の風呂敷は、多くの国で使われている。

3　日本の風呂敷は、ある時代にだけ使われていた。

4　日本の風呂敷は、いろいろな形のものを包むことができる。

37 風呂敷の使い方として、言っていないのはどれか。

1　人にプレゼントをあげるときに使う。

2　引っ越しで重いものを移動するときに使う。

3　ビニール袋の代わりとして物を運ぶときに使う。

4　部屋のインテリアとしてかざって使う。

問題7　右のページは、市民講座の案内である。これを読んで、下の質問に答えなさい。
　　　　答えは、1・2・3・4から最もよいものを一つえらびなさい。

38 この講座について、合っているものはどれか。

　1　子どもと一緒に環境<ruby>環境<rt>かんきょう</rt></ruby>について学ぶ。

　2　市内のいろいろな場所で講座を受ける。

　3　市民だけが参加できる。

　4　希望者は電話で申し込む。

39 田中さんは、水力発電や風力発電を生活に活用したいと考えている。そのために、いつの講座を受けるといいか。

　1　7月20日

　2　8月3日

　3　8月24日

　4　9月21日

環境学習リーダーになろう!

受講料無料　定員20名

★環境や自然に興味があり、何か活動を始めたい!
★自然のすばらしさを子どもたちに伝えたい!
★環境分野で社会のために何かしたい!

講座を修了すると、「市の環境学習指導者」に登録できます。登録者には市が、環境教室の講師やアシスタントをお願いします。

	日程・場所			講座名	内容
1	7/20 土	市役所 (中区)	10:30 〜 12:00	オリエンテーション	講座の説明と参加者の自己紹介
			13:00 〜 14:30	環境問題とは	環境問題と市内の現状について学び、どんな対策が必要か考えます。
2	8/3 土	緑化センター (東区)	10:00 〜 12:00	自然観察の体験	環境学習のときの、自然観察の方法を森林公園で学びます。
			13:00 〜 14:30	リスク管理	外で楽しく活動するための、安全管理を学びます。
3	8/24 土	ソーラー館 (西区)	10:00 〜 12:00	地球温暖化について	地球温暖化のしくみや現状を知り、市の取り組みを学びます。
			13:00 〜 14:30	自然エネルギー	地球にやさしい省エネをしながら、気持ちよく生活する方法を学びます。
4	9/21 土	清掃工場 (北区)	10:30 〜 12:00	清掃工場の見学	市内で出るごみの現状を学びます。
			13:00 〜 14:30	ごみ減量対策	ごみの減らし方と市内での取り組みについて学びます。
5	10/5 土	市役所 (中区)	10:00 〜 12:00	成果発表の準備	講座の成果発表の準備をします。
			13:00 〜 15:00	成果発表	学んだことをプレゼンテーション形式で発表します。

【応募資格】市内に在住または通勤、通学する18才以上の方で、環境教育や環境保護活動を実践する意欲のある方。

【申込方法】申込用紙に必要事項を記入して、7/6(土)までに市役所環境課へ提出してください(直接・Fax・Eメール)。

N3
聴解
ちょう　かい

（40分）

注　意
Notes

1. 試験が始まるまで、この問題用紙を開けないでください。
   Do not open this question booklet until the test begins.

2. この問題用紙を持って帰ることはできません。
   Do not take this question booklet with you after the test.

3. 受験番号と名前を下の欄に、受験票と同じように書いてください。
   じゅけんばんごう　　　　　　らん　　　　じゅけんひょう
   Write your examinee registration number and name clearly in each box below as written on your test voucher.

4. この問題用紙は、全部で13ページあります。
   ぜんぶ
   This question booklet has 13 pages.

5. この問題用紙にメモをとってもいいです。
   You may make notes in this question booklet.

受験番号　Examinee Registration Number	
じゅけんばんごう

名前　Name	

もんだい
問題1　◀)) N3_1_02

　問題1では、まず質問を聞いてください。それから話を聞いて、問題用紙の1から4の中から、最もよいものを一つえらんでください。

れい　◀)) N3_1_03

1　ケーキ
2　おかし
3　ざっし
4　マンガ

1ばん 🔊 N3_1_04

1

2

3

4

2ばん 🔊 N3_1_05

1 今あるバッグをともだちにあげる
2 ねだんをかくにんする
3 週末まで待つ
4 セールになるのを待つ

3ばん　🔊 N3_1_06

1　バレエのこうえんのチケットをよやくする
2　しんかんせんのせきをよやくする
3　バレエのこうえん情報をしらべる
4　バレエについて勉強する

4ばん　🔊 N3_1_07

1　Wi-fiのIDをさがす
2　Wi-fiのパスワードを入力する
3　飲み物をちゅうもんする
4　レシートをさがす

5ばん 🔊 N3_1_08

1 今かりている本をかえす

2 次にかりたい本のよやくをする

3 図書館のりようしゃカードをわたす

4 コンピューターできろくをかくにんする

6ばん 🔊 N3_1_09

1 6000円

2 6000円と靴

3 8000円と靴

4 8000円と靴とラケット

問題2 🔊 N3_1_10

　問題2では、まず質問を聞いてください。そのあと、問題用紙を見てください。読む時間があります。それから話を聞いて、問題用紙の1から4の中から、最もよいものを一つえらんでください。

れい 🔊 N3_1_11

1　日本語を教える仕事
2　日本ぶんかをしょうかいする仕事
3　つうやくの仕事
4　ふくをデザインする仕事

1　部屋のしつどを33度にせっていすること
2　部屋のおんどを33度にせっていすること
3　できるだけたいようの光に当たるようにすること
4　できるだけ長い時間運動するようにすること

1　ずっと同じ会社ではたらく人
2　アルバイトで生活している人
3　自分で仕事をもらってくる人
4　好きな時間に好きな仕事をする人

3ばん　🔊 N3_1_14

1　電車に乗るときのマナーについて勉強すること
2　見学の前に見学する場所の勉強をすること
3　見学するとき話をしずかに聞くこと
4　見学したときにわからないことを聞くこと

4ばん　🔊 N3_1_15

1　たくさん勉強すること
2　けいかくてきにお金を使うこと
3　人のしんようをえる練習をすること
4　1日1回家族のてつだいをすること

5ばん 🔊 N3_1_16

1 病気のおとしよりがじたくで生活できるようにちょうせいする
2 病気のおとしよりが病院で楽しく生活できるようにちょうせいする
3 病気のおとしよりを病院に連れていく
4 病気のおとしよりの家に薬を運ぶ

6ばん 🔊 N3_1_17

1 てんじひんのしゅるいが多いはくぶつかん
2 てんじひんのせつめいがくわしいはくぶつかん
3 おきゃくさまへのたいおうマニュアルがあるはくぶつかん
4 まじめにはたらくスタッフがいるはくぶつかん

もんだい
問題3 🔊 N3_1_18

問題3では、問題用紙に何もいんさつされていません。この問題は、ぜんたいとしてどんなないようかを聞く問題です。話の前に質問はありません。まず話を聞いてください。それから、質問とせんたくしを聞いて、1から4の中から、最もよいものを一つえらんでください。

れい　🔊 N3_1_19

1ばん　🔊 N3_1_20

2ばん　🔊 N3_1_21

3ばん　🔊 N3_1_22

－メモ－

問題4 ◀)) N3_1_23

問題4では、えを見ながら質問を聞いてください。やじるし（→）の人は何と言いますか。1から3の中から、最もよいものを一つえらんでください。

れい ◀)) N3_1_24

1ばん  N3_1_25

2ばん N3_1_26

3ばん N3_1_27

4ばん N3_1_28

問題5 🔊 N3_1_29

<ruby>問題<rt>もんだい</rt></ruby>5では、<ruby>問題用紙<rt>もんだいようし</rt></ruby>に<ruby>何<rt>なに</rt></ruby>もいんさつされていません。まず<ruby>文<rt>ぶん</rt></ruby>を<ruby>聞<rt>き</rt></ruby>いてください。それから、そのへんじを<ruby>聞<rt>き</rt></ruby>いて、1から3の<ruby>中<rt>なか</rt></ruby>から、<ruby>最<rt>もっと</rt></ruby>もよいものを<ruby>一<rt>ひと</rt></ruby>つえらんでください。

れい 🔊 N3_1_30

1ばん 🔊 N3_1_31

2ばん 🔊 N3_1_32

3ばん 🔊 N3_1_33

4ばん 🔊 N3_1_34

5ばん 🔊 N3_1_35

6ばん 🔊 N3_1_36

7ばん 🔊 N3_1_37

8ばん 🔊 N3_1_38

9ばん 🔊 N3_1_39

ごうかくもし かいとうようし

N3 げんごちしき(もじ・ごい)

じゅけんばんごう
Examinee Registration Number

なまえ
Name

〈ちゅうい Notes〉

1. くろいえんぴつ (HB、No.2) でかいて
ください。
Use a black medium soft (HB or No.2)
pencil.
(ペンやボールペンではかかないでくだ
さい。)
(Do not use any kind of pen.)

2. かきなおすときは、けしゴムできれい
にけしてください。
Erase any unintended marks completely.

3. きたなくしたり、おったりしないでくだ
さい。
Do not soil or bend this sheet.

4. マークれい Marking Examples

よいれい Correct Example	わるいれい Incorrect Examples
●	⊗ ○ ⊘ ⊖ ●

問題 1

1	①	②	③	④
2	①	②	③	④
3	①	②	③	④
4	①	②	③	④
5	①	②	③	④
6	①	②	③	④
7	①	②	③	④
8	①	②	③	④

問題 2

9	①	②	③	④
10	①	②	③	④
11	①	②	③	④
12	①	②	③	④
13	①	②	③	④
14	①	②	③	④

問題 3

15	①	②	③	④
16	①	②	③	④
17	①	②	③	④
18	①	②	③	④
19	①	②	③	④
20	①	②	③	④
21	①	②	③	④
22	①	②	③	④
23	①	②	③	④
24	①	②	③	④
25	①	②	③	④

問題 4

26	①	②	③	④
27	①	②	③	④
28	①	②	③	④
29	①	②	③	④
30	①	②	③	④

問題 5

31	①	②	③	④
32	①	②	③	④
33	①	②	③	④
34	①	②	③	④
35	①	②	③	④

ごうかくもし かいとうようし

N3 げんごちしき（ぶんぽう）・どっかい

じゅけんばんごう
Examinee Registration Number

なまえ
Name

〈ちゅうい Notes〉

1. 〈ろいえんぴつ (HB、No.2) でかいて
   ください。
   Use a black medium soft (HB or No.2)
   pencil.
   （ペンやボールペンではかかないでくだ
   さい。）
   (Do not use any kind of pen.)

2. かきなおすときは、けしゴムできれい
   にけしてください。
   Erase any unintended marks completely.

3. きたなくしたり、おったりしないでくだ
   さい。
   Do not soil or bend this sheet.

4. マークれい Marking Examples

よいれい Correct Example	わるいれい Incorrect Examples
●	⊘ ⊙ ◯ ◉ ⊗ ⊘ ◍ ⊖ ●

問題1

1	① ② ③ ④
2	① ② ③ ④
3	① ② ③ ④
4	① ② ③ ④
5	① ② ③ ④
6	① ② ③ ④
7	① ② ③ ④
8	① ② ③ ④
9	① ② ③ ④
10	① ② ③ ④
11	① ② ③ ④
12	① ② ③ ④
13	① ② ③ ④

問題2

14	① ② ③ ④
15	① ② ③ ④
16	① ② ③ ④
17	① ② ③ ④
18	① ② ③ ④

問題3

19	① ② ③ ④
20	① ② ③ ④
21	① ② ③ ④
22	① ② ③ ④
23	① ② ③ ④

問題4

24	① ② ③ ④
25	① ② ③ ④
26	① ② ③ ④
27	① ② ③ ④

問題5

28	① ② ③ ④
29	① ② ③ ④
30	① ② ③ ④
31	① ② ③ ④
32	① ② ③ ④
33	① ② ③ ④

問題6

34	① ② ③ ④
35	① ② ③ ④
36	① ② ③ ④
37	① ② ③ ④

問題7

| 38 | ① ② ③ ④ |
| 39 | ① ② ③ ④ |

ごうかくもし かいとうようし

N3 ちょうかい

じゅけんばんごう
Examinee Registration Number

なまえ
Name

〈ちゅうい Notes〉

1. くろいえんぴつ (HB、No.2) でかいて
   ください。
   Use a black medium soft (HB or No.2)
   pencil.
   (ペンやボールペンではかかないでくだ
   さい。)
   (Do not use any kind of pen.)

2. かきなおすときは、けしゴムできれい
   にけしてください。
   Erase any unintended marks completely.

3. きたなくしたり、おったりしないでくだ
   さい。
   Do not soil or bend this sheet.

4. マークれい Marking Examples

よいれい Correct Example	わるいれい Incorrect Examples
●	⊗ ◯ ◔ ◑ ◐ ●

問題1

れい	①	②	③	●
1	①	②	③	④
2	①	②	③	④
3	①	②	③	④
4	①	②	③	④
5	①	②	③	④
6	①	②	③	④

問題2

れい	①	②	③	●
1	①	②	③	④
2	①	②	③	④
3	①	②	③	④
4	①	②	③	④
5	①	②	③	④
6	①	②	③	④

問題3

れい	①	②	●	④
1	①	②	③	④
2	①	②	③	④
3	①	②	③	④

問題4

れい	●	②	③
1	①	②	③
2	①	②	③
3	①	②	③
4	①	②	③

問題5

れい	①	②	●
1	①	②	③
2	①	②	③
3	①	②	③
4	①	②	③
5	①	②	③
6	①	②	③
7	①	②	③
8	①	②	③
9	①	②	③

N3
げんごちしき（もじ・ごい）
（30ぷん）

ちゅうい
Notes

1. しけんが　はじまるまで、この　もんだいようしを　あけないで　ください。
   Do not open this question booklet until the test begins.

2. この　もんだいようしを　もって　かえる　ことは　できません。
   Do not take this question booklet with you after the test.

3. じゅけんばんごうと　なまえを　したの　らんに、じゅけんひょうと
   おなじように　かいて　ください。
   Write your examinee registration number and name clearly in each box below as written on your test voucher.

4. この　もんだいようしは、ぜんぶで　5ページ　あります。
   This question booklet has 5 pages.

5. もんだいには　かいとうばんごうの　1 、 2 、 3 …が　ついて　います。
   かいとうは、かいとうようしに　ある　おなじ　ばんごうの　ところに
   マークして　ください。
   One of the row numbers 1 , 2 , 3 … is given for each question. Mark your answer in the same row of the answer sheet.

じゅけんばんごう　Examinee Registration Number	

なまえ　Name	

問題1 ＿＿＿＿＿のことばの読み方として最もよいものを、1・2・3・4から一つえらびなさい。

1 電車をお降りの際は、足元に十分ご注意ください。
　　1　おのり　　　　　2　おふり　　　　　3　おくだり　　　　4　おおり

2 忘れ物がないか、確認してください。
　　1　かくてい　　　　2　かくしょう　　　3　かくげん　　　　4　かくにん

3 昨日から頭痛がひどくて、今日も学校を休んだ。
　　1　とうつう　　　　2　ふくつう　　　　3　がんつう　　　　4　ずつう

4 いちばん大切なのは命です。
　　1　とみ　　　　　　2　いのち　　　　　3　ゆめ　　　　　　4　あい

5 台風のため、午後のフライトはキャンセルとなります。
　　1　だいふう　　　　2　だいかぜ　　　　3　たいふう　　　　4　たいかぜ

6 英語の試験をうけて、自分の実力をためしてみたい。
　　1　みぢから　　　　2　みりょく　　　　3　じつぢから　　　4　じつりょく

7 危ないので、道路を横断しないでください。
　　1　おうだん　　　　2　こうだん　　　　3　よこだん　　　　4　きだん

8 問題があったら、かならず報告してください。
　　1　ほうごく　　　　2　ぼうこく　　　　3　ほうこく　　　　4　ほごく

問題2 _____ のことばを漢字で書くとき、最もよいものを、1・2・3・4から一つえらびなさい。

9 去年、このホテルにとまった。
1　住まった　　　2　宿まった　　　3　留まった　　　4　泊まった

10 今までより、授業にせっきょくてきに参加する学生が増えた。
1　説極的　　　2　績極的　　　3　積極的　　　4　接極的

11 その本を読んで、とてもかんどうした。
1　感情　　　2　感心　　　3　感動　　　4　感想

12 このあたりに病院はありますか。
1　当たり　　　2　辺り　　　3　周り　　　4　回り

13 今日の授業のふくしゅうをしてください。
1　復習　　　2　複習　　　3　復修　　　4　複修

14 とくいな料理はハンバーグです。
1　特意　　　2　特以　　　3　得意　　　4　得以

問題3 （　　　　） に入れるのに最もよいものを、1・2・3・4から一つえらびなさい。

15 友達と背の高さを（　　　　）。
　　1　並べました　　2　負けました　　3　見つけました　　4　比べました

16 毎日天気（　　　　）を見てから会社に行きます。
　　1　予測　　　　　2　予報　　　　　3　予防　　　　　4　予見

17 この料理はおいしいが（　　　　）がかかる。
　　1　手間　　　　　2　勝手　　　　　3　時刻　　　　　4　世話

18 小学校のときの先生を（　　　　）しています。
　　1　尊大　　　　　2　尊敬　　　　　3　敬称　　　　　4　敬語

19 バスの（　　　　）は市内ならどこでも同じです。
　　1　料金　　　　　2　有料　　　　　3　通貨　　　　　4　入金

20 鼻が（　　　　）息苦しいので、よく眠れない。
　　1　ふるえて　　　2　つまって　　　3　しびれて　　　4　こって

21 父は会社を（　　　　）している。
　　1　方針　　　　　2　経営　　　　　3　事業　　　　　4　作業

22 駅に近いアパートは（　　　　）が高い。
　　1　給料　　　　　2　賃貸　　　　　3　家賃　　　　　4　家事

23 今年の3月に高校を（　　　　）した。
　　1　留学　　　　　2　卒業　　　　　3　入学　　　　　4　学業

24 いっしょうけんめい勉強していたら、（　　　　）夜中になっていた。
　　1　どこまでも　　2　いつまで　　　3　いつのまにか　　4　どこか

25 自転車に乗るときは、交通（　　　　）を守りましょう。
　　1　サンプル　　　2　ルール　　　　3　サイン　　　　4　ヒント

問題4 ＿＿＿＿に意味が最も近いものを、1・2・3・4から一つえらびなさい。

26 とても陽気な人と友達になった。
　　1　まじめな　　　2　明るい　　　　3　内気な　　　　4　静かな

27 運転をするとき、速度に注意してください。
　　1　エンジン　　　2　ガソリン　　　3　スピード　　　4　カーブ

28 テスト終了まで、あと約10分です。
　　1　ちょうど　　　2　まだ　　　　　3　だいたい　　　4　ちょっと

29 絶対、あの人に言っておいてね。
　　1　すぐに　　　　2　今度　　　　　3　必ず　　　　　4　いつか

30 彼女がいきなり泣き出したのでおどろいた。
　　1　はげしく　　　2　とうとう　　　3　ゆっくり　　　4　とつぜん

問題5　つぎのことばの使い方として最もよいものを、1・2・3・4から一つえらびなさい。

31 判断

1　イベントを中止するかどうかは、学校が判断します。

2　医者の判断は風邪だった。

3　仕事をやめるという彼の大きな判断を応援したい。

4　彼はいつもテストの判断がいい。

32 ぐっすり

1　友達との約束をぐっすり忘れてしまった。

2　まくらを新しくしたら、朝までぐっすり眠れた。

3　かばんの中に本をぐっすり入れて学校へ行った。

4　今日は朝からいそがしくて、ぐっすり休めなかった。

33 あきらめる

1　先週、働いていた会社をあきらめた。

2　彼には彼女がいたので、彼の恋人になるのはあきらめた。

3　暑い日が続いたので、水道があきらめてしまった。

4　体重をあきらめるために、毎日走っています。

34 引退

1　先月、学校の近くに引退してきました。

2　オリンピックの後、その選手は引退した。

3　子どもが熱を出したので、引退してもいいですか。

4　大学を引退したら、国に帰る予定です。

35 栄養

1　この社会は需要と栄養のバランスが取れている。

2　大統領の発言は栄養力がある。

3　栄養をしっかりとって、早く元気になってね。

4　この料理の栄養はえびとたまごだ。

N3
言語知識（文法）・読解
げんごちしき　ぶんぽう　　どっかい

（70分）

注　意
Notes

1. 試験が始まるまで、この問題用紙を開けないでください。

   Do not open this question booklet until the test begins.

2. この問題用紙を持って帰ることはできません。

   Do not take this question booklet with you after the test.

3. 受験番号と名前を下の欄に、受験票と同じように書いてください。
   じゅけんばんごう　　　　　　　　　らん　　　じゅけんひょう

   Write your examinee registration number and name clearly in each box below as written on your test voucher.

4. この問題用紙は、全部で17ページあります。
   ぜんぶ

   This question booklet has 17 pages.

5. 問題には解答番号の　1　、　2　、　3　…が付いています。
   かいとうばんごう　　　　　　　　　　　　　　　　　つ
   解答は、解答用紙にある同じ番号のところにマークしてください。
   かいとう　　かいとう　　　　　　　ばんごう

   One of the row numbers　1　,　2　,　3　… is given for each question. Mark your answer in the same row of the answer sheet.

受験番号　Examinee Registration Number	
じゅけんばんごう	

名前　Name	

問題1　つぎの文の（　　　）に入れるのに最もよいものを、1・2・3・4から一つえらびなさい。

1 日本の山（　　　）富士山ですね。

1　とか　　　　　2　という　　　　3　によって　　　4　といえば

2 祖母は年の（　　　）は、考え方が新しい。

1　わりに　　　　2　むけに　　　　3　たびに　　　　4　せいで

3 使い方を間違えると、ケガをする（　　　）。

1　かねない　　　　　　　　　　2　ところではない

3　ほどだ　　　　　　　　　　　4　おそれがある

4 万が一、海外でパスポートを（　　　）、大使館に連絡してください。

1　なくしたら　　　　　　　　　2　なくしたので

3　なくすと　　　　　　　　　　4　なくせば

5 講演会に出席される方は、3時までにこちらに（　　　）。

1　いらっしゃってください　　　2　お待ちしています

3　お通りください　　　　　　　4　うかがいます

6 彼（　　　）彼なりのやり方があるはずだ。

1　として　　　　2　から　　　　3　だから　　　　4　には

7 あの人は自分の役に立つことにしかお金を（　　　）。

1　使いたい　　　　　　　　　　2　使いたがらない

3　使われる　　　　　　　　　　4　使うかもしれない

8 あの子は、いくら言ってもまったく勉強（　　　）としない。

1　しよう　　　　2　しろ　　　　3　する　　　　4　した

9 給料に不満がある（　　　）ではない。しかし、忙しすぎる。

1　ほか　　　　　2　わけ　　　　3　ところ　　　　4　など

第2回

文法

10 この試験は学校を（　　　　　）申し込んでください。

1　通じて　　　　　2　入れて　　　3　通って　　　4　出して

11 駅まで迎えに行きますから、タクシーに（　　　　　）ですよ。

1　乗ることはない　　　　　　2　乗るということ

3　乗るもの　　　　　　　　　4　乗るべき

12 体が大きい人がたくさん（　　　　　）。

1　食べそうもない　　　　　　2　食べるわけにはいかない

3　食べるとは限らない　　　　4　食べたくてたまらない

13 小さいときは父とよく魚つりに行った（　　　　　）ですが、最近はほとんど行きません。

1　まま　　　　　2　こと　　　3　とおり　　　4　もの

問題2 つぎの文の ___★___ に入る最もよいものを、1・2・3・4から一つえらびなさい。

（問題例）

木の ＿＿＿＿ ＿＿＿＿ ＿★＿ ＿＿＿＿ います。
　　　1　が　　2　に　　3上　　4ねこ

（解答のしかた）

1. 正しい答えはこうなります。

> 木の ＿＿＿＿ ＿＿＿＿ ＿★＿ ＿＿＿＿ います。
> 　　　3上　　2に　　4ねこ　1が

2. ___★___ に入る番号を解答用紙にマークします。

（解答用紙）　| （例） | ① ② ③ ● |

---

14 彼とは ＿＿＿＿ ＿＿＿＿ ＿★＿ ＿＿＿＿ ほど会っていない。
　　1　去年　　　　2　きり　　　　3　1年　　　　4　会った

15 電話を ＿＿＿＿ ＿＿＿＿ ＿★＿ ＿＿＿＿ 予約ができていなかった。
　　1　にも　　　　2　おいた　　　3　して　　　　4　かかわらず

16 彼が ＿＿＿＿ ＿＿＿＿ ＿★＿ ＿＿＿＿ がない。
　　1　はず　　　　2　時間に　　　3　約束の　　　4　遅れる

17 今日までに ＿＿＿＿ ＿＿＿＿ ＿★＿ ＿＿＿＿ が、結果はわからない。
　　1　した　　　　2　できる　　　3　つもりだ　　4　ことは

18 この辺は自然が多くて健康的に暮らせそうだが、交通の便が悪いから、＿＿＿＿＿

＿＿＿＿＿ ＿★＿ ＿＿＿＿＿ のは難しそうだ。

1 生活する　　　2 できない　　　3 私には　　　　4 車の運転が

問題3　つぎの文章を読んで、文章全体の内容を考えて、[19]から[23]の中に入る最もよいものを、1・2・3・4から一つえらびなさい。

下の文章は、留学生が書いた作文です。

日本人と大豆

レリオ

　日本人の食生活の中で、とても重要な食品のひとつに大豆がある。日本料理に必要な調味料のみそやしょうゆ、みそ汁の具としてもよく使われる豆腐や油揚げは、すべて大豆から作られている。また、独特の香りがある納豆は、健康によいと多くの人に[19]。大豆にはたんぱく質やカルシウムなど多くの栄養がある。[20]、豆腐にすることで消化がよくなる。最近の日本食ブームもあり、とくに豆腐は世界中のいろいろな国で「TOFU」として[21]。

　しかし、日本人が食べる大豆の量は減ってきているといわれている。主な原因はここ数年の食生活の変化で、中でも若い人たちが大豆を食べる機会が減っているということだ。最近は、豆腐ドーナツや大豆クッキーなど新しい商品も多く発売されている。[22]をうまく取り入れ、ぜひ多くの人に大豆を[23]。

016

19

1 愛されている　　　　2 愛しそうだ

3 愛するばかりだ　　　4 愛することとおもう

20

1 なぜなら　　　2 けれども　　　3 そのうえ　　　4 または

21

1 知られなくてもよい　　　2 知られるようになった

3 知ることができる　　　4 知られるわけがない

22

1 このようなもの　　　2 そのまま

3 どのようなもの　　　4 あのまま

23

1 食べてあげたいそうだ　　　2 食べてみたいのだ

3 食べさせてもらおう　　　4 食べてほしいものだ

問題4　つぎの(1)から(4)の文章を読んで、質問に答えなさい。答えは、1・2・3・4から
　　　　最もよいものを一つえらびなさい。

(1)
　ボランティアと聞くと、大変そうなので自分にはできないと思うかもしれません。でも、自分
の好きなことや、できることから始めればいいのです。仕事や年齢も関係ありません。例えば、
ある小学校の6年生は「ふれあいクラブ」として毎月、お年寄りの施設に行っていっしょにゲー
ムをしたり、歌を歌ったりしています。自分たちでゲームを計画することもあります。先生もアド
バイスをくれますが、お年寄りのことを考えながら、自分が好きなこと、自分ができることを形
にするのです。

24 この文章で言っていることと合っているのはどれか。
　　1　ボランティア活動はとても大変なものだ。
　　2　ボランティア活動は毎月一回やるものだ。
　　3　ボランティア活動は経験者に手伝ってもらうといい。
　　4　ボランティア活動はできることをやるといい。

（2）

これは自分の国に帰った学生が、日本の先生に送った手紙である。

星野[ほしの]先生

　お元気ですか。私がこちらに帰ってきて、もう1か月が経ちました。家族や友人に1年ぶりに会って、楽しく過ごしています。

　日本では、先生にとてもお世話になりました。日本語はもちろん、日本の伝統[でんとう]文化についてもくわしく教えていただき、ありがとうございました。

　これからは私が、日本について多くの人に伝えられるようになりたいです。そのために通訳[つうやく]になろうと思っています。日本語の勉強を続け、通訳[つうやく]の試験を受けるつもりです。そして通訳[つうやく]として日本に行ったときには、こちらのおいしいワインを持って先生のお家にうかがいます。

5月31日　ピーター　ハンクス

25　ピーターさんがこれからまずすることは何か。

1　おいしいワインを買って、先生の家に行く。

2　日本での出来事をたくさんの人と話す。

3　通訳[つうやく]になる試験のために勉強する。

4　日本に行って通訳[つうやく]の仕事を探す。

(3)

これは相川課長と部下の坂田さんとのやりとりである。

相川　9:12

> おはようございます。いま富士見駅に向かう電車の中にいるんですけど、事故の影響で電車が止まってしまいました。動き出すまであと30分くらいかかりそうです。

坂田　9:13

> おはようございます。たいへんですね！

相川　9:15

> クリエイト社への訪問の前に、喫茶店で打ち合わせをする約束でしたよね。でもその時間はなさそうです。すみません。

坂田　9:16

> いえいえ。昨日、資料についてご意見いただいて修正したので、大丈夫だと思います。

相川　9:17

> 喫茶店ではなく、直接クリエイト社の前で待ち合わせしましょう。

坂田　9:17

> はい。

相川　9:18

> 訪問にも遅れそうだったらまた連絡します。

坂田　9:19

> かしこまりました。お気をつけて。

26 相川課長が伝えたいことはどれか。

1　電車の事故のため、クリエイト社への訪問に遅れること

2　クリエイト社に持っていく資料に修正が必要なこと

3　待ち合わせ場所を変更すること

4　坂田さんとの打ち合わせのためにもう一度連絡すること

(4)

　色を見分ける力を色覚と言いますが、色覚は20代をピークにゆっくりと弱くなっていきます。その原因は3つあります。目の中のレンズ部分がにごってきれいに見えにくくなること、光を取り入れる部分が小さくなって光が入りにくくなること、そして、脳に情報を送る視神経が弱くなることです。暗い部屋で靴下の色を間違えたり、階段を下りているとき、最後の一段で転びそうになったりする人は、色覚が弱くなっている可能性があります。

27　この文章で言っていることと合っているのはどれか。

　　1　色を見分ける力は、10代がいちばん強い。
　　2　暗い部屋の中でも色を見分けられるように、練習したほうがいい。
　　3　目に光があまり入らないと、色を見分けにくくなる。
　　4　色覚が弱いと、階段を上りにくくなる。

問題5　つぎの⑴と⑵の文章を読んで、質問に答えなさい。答えは、1・2・3・4から最もよいものを一つえらびなさい。

⑴

　食品には、おいしく安全に食べられる、賞味期限があります。お店で売れないまま賞味期限が切れてしまうと、お店は捨てなければなりません。しかし、賞味期限が切れていないのに捨てられる食品もあることが、最近問題になっています。

　それは、食品メーカーからお店に食品を運ぶ、問屋の仕事が関係しています。問屋がお店に食品を届けることを納品といい、食品が作られた日から賞味期限までの3分の1の日までに納品するというルールがあります。例えば、賞味期限が3か月のお菓子があって、作られたのが9月1日の場合、賞味期限は11月末ですが、お店に納品する期限は3か月の3分の1、1か月の間に、つまり9月中にお店に届けなければならないことになります。この納品期限を過ぎるとお店で受け取ってもらえず、まだ賞味期限まで2か月もあるにもかかわらず、捨てられてしまうのです。

28 最近、どんなことが問題になっていると言っているか。
1　賞味期限の切れた食品が捨てられること
2　賞味期限の切れていない食品が捨てられること
3　賞味期限までに食品がお店に届けられること
4　賞味期限のあとに食品がお店に届けられること

29 問屋の仕事は何だと言っているか。
1　工場で食品の賞味期限をチェックする。
2　お店で食品の賞味期限を決める。
3　賞味期限が切れた食品を捨てる。
4　食品メーカーからお店に食品を運ぶ。

30 2019年1月に作られた、賞味期限が3年間の缶づめの、納品期限はいつか。
1　2019年末
2　2020年末
3　2021年末
4　2022年末

(2)

これはネット上の記事である。

国際ボランティア団体ピースでは、「場所、本、子どもたち」をキーワードに、アジアの各地で活動しています。具体的には、学校や図書館を作って、勉強したり本を読んだりできる場所を作ります。また、字が読めない子どもたちのために絵本を作ったり、本を読んであげたりする活動もしています。代表の鈴木幸子さんは、「教育は子どもたちの人生を変えることができます」と言います。

活動のためには、継続的な支援が必要です。ピースでは今、サポーターを募集しています。毎月1000円、1日あたり33円の寄付で、1年間に84冊の絵本を子供たちに届けることができます。寄付はいつでも止められます。ニュースレターと活動報告書も受け取れますので、活動の様子を知ることができます。また、毎年、子どもたちが書いたメッセージカードも届きます。詳しくは同団体のサイトをごらんください。

31 この国際ボランティアの活動はどれか。

1 本を読む場所を作る。

2 字を勉強するための本を作る。

3 本を現地の言葉に訳す。

4 本を子どもたちにプレゼントする。

32 この活動に必要なものは何だと言っているか。

1 活動を続ける場所

2 活動を続けるお金

3 活動を続ける現地の人

4 活動を続ける時間

33 サポーターができることは何だと言っているか。

1 活動報告書を受け取ること

2 ニュースレターを書くこと

3 活動の内容を決めること

4 現地の子どもたちに手紙を書くこと

問題6 つぎの文章を読んで、質問に答えなさい。答えは、1・2・3・4から最もよいものを一つえらびなさい。

カップラーメンを食べたことがありますか。温かいお湯を入れて3分待つだけで、おいしいラーメンが食べられます。では、どうして3分間なのか知っていますか。

実は、1分でできあがるカップラーメンもあるのです。でも、早ければいいというわけではないようです。1分でやわらかくなるラーメンは、すぐ食べられるのはいいのですが、そのあともどんどんやわらかくなってしまうので、食べている間にやわらかくなりすぎて、おいしくなくてしまうのです。それに、お湯を入れてからたった1分だけではまだお湯が熱すぎます。3分経ってからふたを開けて数回混ぜると、70度ぐらいまで下がります。熱い食べ物をおいしいと思える温度は62度から70度です。3分という時間は、この温度までしっかり計算した待ち時間だったのです。

また、これもあまり知られていませんが、お湯を入れる前のカップラーメンは、ラーメンの下とカップの底との間に空間があり、ラーメンが下につかないようになっています。これは、工場からお店に運ばれるときにめんが割れたりしないようにするためです。しかも、お湯を入れたときに、下にもお湯が回って、ラーメン全体を同じやわらかさにできるのです。

34 カップラーメンは3分待つものが多いのは、どうしてだと言っているか。
1 3分が測りやすい時間だから
2 3分で食器の準備ができるから
3 3分でちょうどいい温かさになるから
4 人は3分より長く待てないから

35 1分でできあがるカップラーメンについて、文章の内容に合っているものはどれか。
1 ラーメンの一本一本が、細く作られている。
2 ラーメンがやわらかくなりすぎて、おいしくない。
3 混ぜなくてもすぐ食べられるように作られている。
4 熱いお湯を入れてもすぐ冷めるように作られている。

36 カップの中の下のつくられた空間は、何のためにあると言っているか。

1　ラーメンの熱さをとるため

2　ラーメンの量を多く見せるため

3　ラーメンの重さを軽くするため

4　ラーメンの固さを全体で同じにするため

37 この文章の内容に合っているものはどれか。

1　カップラーメンには、おいしく食べるための工夫がたくさんある。

2　カップラーメンの歴史は、知られているよりも長い。

3　カップラーメンを作る技術は、秘密にされている。

4　カップラーメンの食べ方には、知られていないルールがある。

問題7　右のページは、イベントの案内である。これを読んで、下の質問に答えなさい。
　　　　答えは、1・2・3・4から最もよいものを一つえらびなさい。

38 ユミさんは週末はアルバイトをしているが、祝日は休みである。物づくりが好きなので、何か自分で作るイベントに参加したい。ユミさんに最も合っているイベントはどれか。

1　てつくず作品展

2　青空フリーマーケット

3　室内楽アカデミー

4　版画遊園地

39 マイクさんは、小学生の娘が体操を習っている。マイクさんも体操やダンスを見るのが好きなので、妻と娘と3人でイベントに出かけるためにチケットを買った。いくら払ったか。

1　7800円

2　5000円

3　1000円

4　300円

文化の日　おでかけガイド

造形工房	総合運動公園
【てつくず作品展】 鉄工職人が仕事で出る廃材を利用して、造形作品を作りました。オリジナルキャラクターも初めて公開します。鉄を組み合わせた新しい生物を見てみませんか。 11月2日（土）3日（日）4日（祝） 9：30 ～ 17：00 入場無料	【青空フリーマーケット】 運動公園のスタジアムの周りにフリーマーケットが登場！　約100店が出店します。リサイクル品のほか、ハンドメイドグッズも多数あります。 11月2日（土）3日（日） 10：00 ～ 14：00（雨天中止） 入場無料
文化会館	市民ホール
【国立舞台サーカス】 空中ブランコ、ピエロの曲芸、アクロバットなど、ハラハラドキドキがいっぱいの舞台が楽しめます。入場券先行発売中。 11月2日（土）①12：30　②15：00 一般2800円　中学生以下2200円 チケットセンター　×××－××××	【ママとパパと赤ちゃんのための ゆるやかエクササイズ】 親子で簡単なリズム体操やエクササイズを体験しましょう。家でも楽しく赤ちゃんと過ごす方法を知ることができます。 11月3日（日）10：30 ～ 11：30（要電話予約） 1家族（3名1組）1000円（当日払い）
音楽ミュージアム	星の美術館
【室内楽アカデミー】 国内外から一流の講師陣を招待し、選ばれた受講者がレッスンを受けます。一般の方は、レッスンの様子を見ることができます。 11月2日（土）3日（日）4日（祝） 10：00 ～ 12：00 レッスン聴講　一人100円	【版画遊園地】 明治から昭和期に活躍した作家の作品100点を解説します。自分で版画を作るコーナーもあります。 11月3日（日）4日（祝） 9：00 ～ 17：00 一般200円　中学生以下無料

第2回

読解

N3
ちょう かい
聴解
（40分）

注　意
Notes

1. 試験が始まるまで、この問題用紙を開けないでください。
   Do not open this question booklet until the test begins.

2. この問題用紙を持って帰ることはできません。
   Do not take this question booklet with you after the test.

3. 受験番号と名前を下の欄に、受験票と同じように書いてください。
   Write your examinee registration number and name clearly in each box below as written on your test voucher.

4. この問題用紙は、全部で13ページあります。
   This question booklet has 13 pages.

5. この問題用紙にメモをとってもいいです。
   You may make notes in this question booklet.

受験番号　Examinee Registration Number	

名前　Name	

問題1 🔊 N3_2_02

問題1では、まず質問を聞いてください。それから話を聞いて、問題用紙の1から4の中から、最もよいものを一つえらんでください。

れい 🔊 N3_2_03

1　ケーキ

2　おかし

3　ざっし

4　マンガ

1ばん　🔊 N3_2_04

1　かいぎしつのよやく
2　しりょうのコピー
3　カタログのじゅんび
4　カタログについて部長にかくにんする

2ばん　🔊 N3_2_05

1　学生用かいすうけん
2　地下鉄の1か月ていきけん
3　地下鉄の6か月ていきけん
4　バスと地下鉄のセットていきけん

3ばん　🔊 N3_2_06

1　ポスターの色をいろいろな色に変える。
2　ポスターの字の大きさをもっと大きくする。
3　ポスターに写真やイラストを入れる。
4　れんらくさきの電話ばんごうに電話してしつもんする。

4ばん　🔊 N3_2_07

1　来週のけっせきとどけを書く
2　きのうの日づけを書く
3　りゆうの書き方をなおす
4　しゅくだいを終わらせる

5ばん N3_2_08

1

2

3

4

6ばん N3_2_09

1 かみにじぶんのじょうほうを書く

2 マスクをする

3 ベッドにねる

4 ほけんしょうを出す

問題2 <small>もんだい</small> ◀)) N3_2_10

問題2では、まず質問を聞いてください。そのあと、問題用紙を見てください。読む時間があります。それから話を聞いて、問題用紙の1から4の中から、最もよいものを一つえらんでください。

れい ◀)) N3_2_11

1 日本語を教える仕事
2 日本ぶんかをしょうかいする仕事
3 つうやくの仕事
4 ふくをデザインする仕事

1ばん　🔊 N3_2_12

1 電車の音を小さくするため
2 電車のゆれを小さくするため
3 電車から出るねつをつめたくするため
4 電車からうける重さを小さくするため

2ばん　🔊 N3_2_13

1 かのじょがあやまらないから
2 かのじょがりゅうがくしたがっているから
3 かのじょと今日会えないから
4 かのじょと長くケンカ中だから

3ばん　🔊 N3_2_14

1 いろいろな国に行ったこと
2 きこうのへんかのせいで病気になったこと
3 家族に長い間会えなかったこと
4 1つめの映画のほうがおもしろいこと

4ばん　🔊 N3_2_15

1 子どもからやめてほしいと言われたこと
2 体に悪いとつまに言われたこと
3 20年以上前に病気をしたこと
4 タバコのねだんが高くなったこと

5ばん　🔊 N3_2_16

1　大学のがくひのため
2　りゅうがくするため
3　今のせいかつひのため
4　海外旅行に行くため

6ばん　🔊 N3_2_17

1　てつやしてれんしゅうする
2　ひとりだけに話すようにはっぴょうする
3　用意したかみを見て話す
4　何度もちょうせんする

　問題3では、問題用紙に何もいんさつされていません。この問題は、ぜんたいとしてどんなないよう
かを聞く問題です。話の前に質問はありません。まず話を聞いてください。それから、質問とせんた
くしを聞いて、1から4の中から、最もよいものを一つえらんでください。

れい　　🔊 N3_2_19

1ばん　　🔊 N3_2_20

2ばん　　🔊 N3_2_21

3ばん　　🔊 N3_2_22

－メモ－

　<ruby>問<rt>もん</rt>題<rt>だい</rt></ruby>4では、えを<ruby>見<rt>み</rt></ruby>ながら<ruby>質<rt>しつ</rt>問<rt>もん</rt></ruby>を<ruby>聞<rt>き</rt></ruby>いてください。やじるし（→）の<ruby>人<rt>ひと</rt></ruby>は<ruby>何<rt>なん</rt></ruby>と<ruby>言<rt>い</rt></ruby>いますか。1から3の<ruby>中<rt>なか</rt></ruby>から、<ruby>最<rt>もっと</rt></ruby>もよいものを<ruby>一<rt>ひと</rt></ruby>つえらんでください。

れい　🔊 N3_2_24

1ばん　🔊 N3_2_25

2ばん　🔊 N3_2_26

3ばん　🔊 N3_2_27

4ばん　🔊 N3_2_28

問題5 🔊 N3_2_29

問題5では、問題用紙に何もいんさつされていません。まず文を聞いてください。それから、そのへんじを聞いて、1から3の中から、最もよいものを一つえらんでください。

れい 🔊 N3_2_30

1ばん 🔊 N3_2_31

2ばん 🔊 N3_2_32

3ばん 🔊 N3_2_33

4ばん 🔊 N3_2_34

5ばん 🔊 N3_2_35

6ばん 🔊 N3_2_36

7ばん 🔊 N3_2_37

8ばん 🔊 N3_2_38

9ばん 🔊 N3_2_39

ごうかくもし かいとうようし

N3 げんごちしき(もじ・ごい)

じゅけんばんごう
Examinee Registration Number

なまえ
Name

〈ちゅうい Notes〉

1. くろいえんぴつ (HB、No.2) でかいて
ください。
Use a black medium soft (HB or No.2)
pencil.
(ペンやボールペンではかかないでくだ
さい。)
(Do not use any kind of pen.)

2. かきなおすときは、けしゴムできれい
にけしてください。
Erase any unintended marks completely.

3. きたなくしたり、おったりしないでくだ
さい。
Do not soil or bend this sheet.

4. マークれい Marking Examples

よいれい Correct Example	わるいれい Incorrect Examples
●	⊘ ⊗ ◌ ◍ ⦵ ◑ ○

問題1

1	①	②	③	④
2	①	②	③	④
3	①	②	③	④
4	①	②	③	④
5	①	②	③	④
6	①	②	③	④
7	①	②	③	④
8	①	②	③	④

問題2

9	①	②	③	④
10	①	②	③	④
11	①	②	③	④
12	①	②	③	④
13	①	②	③	④
14	①	②	③	④

問題3

15	①	②	③	④
16	①	②	③	④
17	①	②	③	④
18	①	②	③	④
19	①	②	③	④
20	①	②	③	④
21	①	②	③	④
22	①	②	③	④
23	①	②	③	④
24	①	②	③	④
25	①	②	③	④

問題4

26	①	②	③	④
27	①	②	③	④
28	①	②	③	④
29	①	②	③	④
30	①	②	③	④

問題5

31	①	②	③	④
32	①	②	③	④
33	①	②	③	④
34	①	②	③	④
35	①	②	③	④

ごうかくもし かいとうようし

N3 げんごちしき（ぶんぽう）・どっかい

じゅけんばんごう
Examinee Registration Number

なまえ
Name

〈ちゅうい Notes〉

1. 〈ろいえんぴつ (HB、No.2) でかいて
ください。
Use a black medium soft (HB or No.2)
pencil.
（ペンやボールペンではかかないでくだ
さい。）
(Do not use any kind of pen.)

2. かきなおすときは、けしゴムできれい
にけしてください。
Erase any unintended marks completely.

3. きたなくしたり、おったりしないでくだ
さい。
Do not soil or bend this sheet.

4. マークれい Marking Examples

よいれい Correct Example	わるいれい Incorrect Examples
●	⊗ ○ ○ ○ ◐ ⊖ ◑

問題1

1	①	②	③	④
2	①	②	③	④
3	①	②	③	④
4	①	②	③	④
5	①	②	③	④
6	①	②	③	④
7	①	②	③	④
8	①	②	③	④
9	①	②	③	④
10	①	②	③	④
11	①	②	③	④
12	①	②	③	④
13	①	②	③	④

問題2

14	①	②	③	④
15	①	②	③	④
16	①	②	③	④
17	①	②	③	④
18	①	②	③	④

問題3

19	①	②	③	④
20	①	②	③	④
21	①	②	③	④
22	①	②	③	④
23	①	②	③	④

問題4

24	①	②	③	④
25	①	②	③	④
26	①	②	③	④
27	①	②	③	④

問題5

28	①	②	③	④
29	①	②	③	④
30	①	②	③	④
31	①	②	③	④
32	①	②	③	④
33	①	②	③	④

問題6

34	①	②	③	④
35	①	②	③	④
36	①	②	③	④
37	①	②	③	④

問題7

38	①	②	③	④
39	①	②	③	④

ごうかくもし　かいとうようし

N3　ちょうかい

じゅけんばんごう
Examinee Registration Number

なまえ
Name

〈ちゅうい　Notes〉

1. くろいえんぴつ (HB、No.2) でかいて
ください。
Use a black medium soft (HB or No.2)
pencil.
(ペンやボールペンではかかないでくだ
さい。)
(Do not use any kind of pen.)

2. かきなおすときは、けしゴムできれい
にけしてください。
Erase any unintended marks completely.

3. きたなくしたり、おったりしないでくだ
さい。
Do not soil or bend this sheet.

4. マークれい Marking Examples

よいれい Correct Example	わるいれい Incorrect Examples
●	⊗ ○ ● ◐ ◍ ⊖ ⊙

問題 1

れい	①	②	●	④
1	①	②	③	④
2	①	②	③	④
3	①	②	③	④
4	①	②	③	④
5	①	②	③	④
6	①	②	③	④

問題 2

れい	①	②	●	④
1	①	②	③	④
2	①	②	③	④
3	①	②	③	④
4	①	②	③	④
5	①	②	③	④
6	①	②	③	④

問題 3

れい	①	●	③	④
1	①	②	③	④
2	①	②	③	④
3	①	②	③	④

問題 4

れい	①	●	③
1	①	②	③
2	①	②	③
3	①	②	③
4	①	②	③

問題 5

れい	①	②	●
1	①	②	③
2	①	②	③
3	①	②	③
4	①	②	③
5	①	②	③
6	①	②	③
7	①	②	③
8	①	②	③
9	①	②	③

N3
げんごちしき（もじ・ごい）
（30ぷん）

ちゅうい
Notes

1. しけんが　はじまるまで、この　もんだいようしを　あけないで　ください。
   Do not open this question booklet until the test begins.

2. この　もんだいようしを　もって　かえる　ことは　できません。
   Do not take this question booklet with you after the test.

3. じゅけんばんごうと　なまえを　したの　らんに、じゅけんひょうと
   おなじように　かいて　ください。
   Write your examinee registration number and name clearly in each box below
   as written on your test voucher.

4. この　もんだいようしは、ぜんぶで　5ページ　あります。
   This question booklet has 5 pages.

5. もんだいには　かいとうばんごうの　1 、 2 、 3 …が　ついて　います。
   かいとうは、かいとうようしに　ある　おなじ　ばんごうの　ところに
   マークして　ください。
   One of the row numbers 1 , 2 , 3 … is given for each question. Mark
   your answer in the same row of the answer sheet.

じゅけんばんごう　Examinee Registration Number	

なまえ　Name	

問題1 ＿＿＿のことばの読み方として最もよいものを、1・2・3・4から一つえらびなさい。

1 この作業は1時間もあれば終わるだろう。
　　1　さくぎょ　　　　2　さぎょ　　　　3　さくぎょう　　　4　さぎょう

2 こんなに寒い部屋によく住めるね。
　　1　さむい　　　　　2　あつい　　　　3　せまい　　　　　4　くさい

3 兄は大学で経済を勉強している。
　　1　けっさい　　　　2　けいえい　　　3　きょうさい　　　4　けいざい

4 好きな人の前ではどうしても素直になれない。
　　1　しょうじき　　　2　すなお　　　　3　すてき　　　　　4　そっちょく

5 ガイドブックで旅行に行く国の気候について調べた。
　　1　きこう　　　　　2　きしょう　　　3　きおん　　　　　4　きせつ

6 友達の誕生日パーティーに招待された。
　　1　しょうらい　　　2　しょうたい　　3　しょうかい　　　4　じょうたい

7 先生のおかげで、スピーチ大会で優勝できました。
　　1　ゆうかつ　　　　2　ゆうしょう　　3　ふうかつ　　　　4　ふうしょう

8 みんなで協力してやりましょう。
　　1　きょうりき　　　2　きょうか　　　3　きょうりょく　　4　きょうりゅく

問題2 _____のことばを漢字で書くとき、最もよいものを、1・2・3・4から一つえらびなさい。

9 そふは毎朝5時に起きて散歩している。
　　1　祖夫　　　　2　祖父　　　　3　祖母　　　　4　祖婦

10 あなたのレポートには大変まんぞくしています。
　　1　万族　　　　2　万属　　　　3　満足　　　　4　満属

11 お金がぬすまれた。
　　1　盗まれた　　2　貯まれた　　3　取まれた　　4　失まれた

12 だれでも携帯電話を持つようになったげんざいでは、テレホンカードはほとんど使われなくなった。
　　1　限在　　　　2　現在　　　　3　限存　　　　4　現存

13 私の会社は駅からとおくて不便だ。
　　1　違く　　　　2　達く　　　　3　遠く　　　　4　選く

14 ビールが飲めない人はあんがい多い。
　　1　以外　　　　2　案外　　　　3　心外　　　　4　意外

問題3 （　　　　　）に入れるのに最もよいものを、1・2・3・4から一つえらびなさい。

15 みなさん、いろんな（　　　　　）を出し合いましょう。
1　アクション　　　2　ビジネス　　　3　アイデア　　　4　アンケート

16 来月、インドネシアに（　　　　　）することになりました。
1　出勤（しゅっきん）　　2　行動（こうどう）　　3　往復（おうふく）　　4　出張（しゅっちょう）

17 私は子どものころから日本の食べ物に（　　　　　）がありました。
1　関心（かんしん）　　2　感心（かんしん）　　3　熱心（ねっしん）　　4　感動（かんどう）

18 みなさんの（　　　　　）のおかげで、頑張る（がんば）ことができました。
1　希望（きぼう）　　2　感謝（かんしゃ）　　3　応援（おうえん）　　4　継続（けいぞく）

19 あやしい男が家の前を（　　　　　）している。
1　がらがら　　　2　ぎりぎり　　　3　ぶつぶつ　　　4　うろうろ

20 このネクタイは（　　　　　）の3割引（わりびき）で買いました。
1　安価（あんか）　　2　定価（ていか）　　3　値引（ねびき）　　4　価値（かち）

21 彼（かれ）は研究所（けんきゅうじょ）で新しい薬品（やくひん）を（　　　　　）した。
1　発生（はっせい）　　2　発売（はつばい）　　3　出発（しゅっぱつ）　　4　開発（かいはつ）

22 昨日（きのう）、風が強くて、木が（　　　　　）。
1　こわれました　　2　おちました　　3　たおれました　　4　やぶれました

23 一度、仕事を（　　　　　）、最後までやらなければならないと思っている。
1　引（ひ）っかけたら　　2　引（ひ）き受（う）けたら　　3　引（ひ）っぱったら　　4　引（ひ）き出（だ）したら

24 あの子はまだ（　　　　　）から、長時間、じっと座（すわ）って我慢（がまん）することができない。
1　おさない　　　2　おそろしい　　　3　めずらしい　　　4　ひどい

25 買い物はいつもクレジットカードを（　　　　　）している。
1　利用（りよう）　　2　信用（しんよう）　　3　応用（おうよう）　　4　費用（ひよう）

問題4 _____ に意味が最も近いものを、1・2・3・4から一つえらびなさい。

26 今日、やっと荷物が家にとどいた。
　　1　ようやく　　　2　すぐに　　　　3　はやく　　　4　ゆっくり

27 この学校では夏休み明けにテストがある。
　　1　夏休み前　　　　　　　　　　2　夏休み中
　　3　夏休みが終わる直前　　　　　4　夏休みが終わった直後

28 ここにある本はすべて中古品です。
　　1　ぜんぶ　　　　2　すこし　　　　3　だいたい　　4　ほとんど

29 今日の天気は異常だ。
　　1　ふつうだ　　　2　おかしい　　　3　晴れだ　　　4　悪い

30 おなかが痛くて授業を欠席しました。
　　1　遅れました　　2　行きました　　3　帰りました　4　休みました

問題5　つぎのことばの使い方として最もよいものを、1・2・3・4から一つえらびなさい。

31 注目（ちゅうもく）

1　道を渡（わた）るとき、車に注目（ちゅうもく）してください。

2　私は彼（かれ）の言葉（ことば）に注目（ちゅうもく）している。

3　彼（かれ）はいつも注目（ちゅうもく）があります。

4　明日は注目（ちゅうもく）を忘れないでください。

32 なつかしい

1　私の犬は私によくなつかしい。

2　頭のいい人がなつかしい。

3　ふるさとの山や川がなつかしい。

4　みんなの前でころんで、とてもなつかしかった。

33 いらいら

1　雪（ゆき）がいらいら降（ふ）っている。

2　夜空を見たら、星（ほし）がいらいら光（ひか）っていた。

3　ドライブに行ったが、道路（どうろ）が渋滞（じゅうたい）していていらいらした。

4　今年の夏は家族でハワイ旅行に行くので、今からいらいらしている。

34 不満（ふまん）

1　100メートルを10秒（びょう）で走るなんて不満（ふまん）だ。

2　勉強に不満（ふまん）な物は、学校に持（も）ち込（こ）まないでください。

3　その本を買おうと思ったが、お金が不満（ふまん）していて買えなかった。

4　彼女（かのじょ）は、この会社の給料（きゅうりょう）が安いことに不満（ふまん）があるようだ。

35 迷惑（めいわく）

1　日本語学校を卒業（そつぎょう）したら、日本で進学（しんがく）するか、国へ帰って就職（しゅうしょく）するか、迷惑（めいわく）している。

2　海外旅行で迷惑（めいわく）になって、本当に困（こま）った。

3　いすが迷惑（めいわく）なので、後で片付（かたづ）けてください。

4　風邪（かぜ）で咳（せき）が出るときは、ほかの人に迷惑（めいわく）をかけないように、マスクをしてください。

N3

言語知識（文法）・読解

（70分）

注　意
Notes

1. 試験が始まるまで、この問題用紙を開けないでください。
   Do not open this question booklet until the test begins.

2. この問題用紙を持って帰ることはできません。
   Do not take this question booklet with you after the test.

3. 受験番号と名前を下の欄に、受験票と同じように書いてください。
   Write your examinee registration number and name clearly in each box below as written on your test voucher.

4. この問題用紙は、全部で17ページあります。
   This question booklet has 17 pages.

5. 問題には解答番号の　1　、　2　、　3　…が付いています。
   解答は、解答用紙にある同じ番号のところにマークしてください。
   One of the row numbers　1　,　2　,　3　… is given for each question. Mark your answer in the same row of the answer sheet.

受験番号　Examinee Registration Number	

名前　Name	

問題1　つぎの文の（　　　）に入れるのに最もよいものを、1・2・3・4から一つえら
びなさい。

1 弟の（　　　）っぽい性格は、父そっくりだ。
1　おこって　　　　2　おこれる　　　3　おこり　　　　　4　おこる

2 社長（　　　）社員は2人しかいない。
1　といっても　　　　　　　　　2　というのは
3　といえば　　　　　　　　　　4　というより

3 このレストランの料理は多すぎて（　　　）。
1　食べきらない　　　　　　　　2　食べきれない
3　食べきりがない　　　　　　　4　食べきろうにない

4 この部屋に引っ越してから、窓を開ける（　　　）富士山が見えるのでうれしい。
1　ついでに　　　　2　たびに　　　　3　とたんに　　　4　最中に

5 案内書の5ページ目を（　　　）。
1　ごらんにください　　　　　　2　ごらんください
3　ごらんさせてください　　　　4　ごらんしてください

6 先生の話によると、今年の7月の試験は難しくない（　　　）。
1　とされている　　　　　　　　2　と言っている
3　というわけだ　　　　　　　　4　ということだ

7 弟はひま（　　　）あれば、ゲームばかりしている。
1　しか　　　　　2　だけ　　　　3　さえ　　　　4　も

8 この目薬は、目に（　　　）があるとき使用してください。
1　かゆさ　　　　2　かゆみ　　　3　かゆいの　　　4　かゆいこと

9 一般的に、年をとればとる（　　　）体力は落ちてくる。
1　こそ　　　　　2　など　　　　3　なら　　　　4　ほど

10 大事なことは（　　　　）メモしておくべきだ。

1　忘れないうちに

2　忘れるときに

3　忘れたあと

4　忘れないまえに

11 風邪（　　　　）で、ご飯があまり食べられません。

1　気味

2　っぽい

3　がち

4　そう

12 彼女は元気がない。何かあったに（　　　　）。

1　よってだ

2　違いない

3　つれてだ

4　しょうがない

13 明日は大切な試験があるので、休む（　　　　）。

1　わけにはいかない

2　わけだ

3　わけがある

4　わけではない

問題2　つぎの文の＿★＿に入る最もよいものを、1・2・3・4から一つえらびなさい。

（問題例）

　　木の　＿＿＿＿　＿＿＿＿　＿★＿　＿＿＿＿　います。
　　　　1　が　　2　に　　3上　　4ねこ

（解答のしかた）

1.　正しい答えはこうなります。

　　┌───┐
　　│ 木の　＿＿＿＿　＿＿＿＿　＿★＿　＿＿＿＿　います。 │
　　│ 　　　3上　　　2に　　　4ねこ　1が　　　　　　　│
　　└───┘

2.　＿★＿に入る番号を解答用紙にマークします。

　　　　（解答用紙）　┌───┬─────────────┐
　　　　　　　　　　　│（例）│ ①　②　③　● │
　　　　　　　　　　　└───┴─────────────┘

14　A「休日は何をしていますか。」
　　B「だいたい　＿＿＿＿　＿＿＿＿　＿★＿　＿＿＿＿　おおいですね。」
　　1　ことが　　　　2　すごしている　3　映画を　　　4　見て

15　この漢字が　＿＿＿＿　＿＿＿＿　＿★＿　＿＿＿＿　いませんでした。
　　1　2人　　　　　2　読める　　　　3　しか　　　　4　人は

16　ちょうど電話を　＿＿＿＿　＿＿＿＿　＿★＿　＿＿＿＿　、友達が来た。
　　1　している　　　2　と　　　　　　3　ところへ　　4　しよう

17 子どもの ＿＿＿＿ ＿＿＿＿ ★ ＿＿＿＿ かな。

    1　野菜_{やさい}　　　　2　というと　　　3　にんじん　　　4　きらいな

18 ＿＿＿＿ ＿＿＿＿ ★ ＿＿＿＿ は、だれかに聞いたほうがいい。

    1　問題　　　　　　2　わからない　　3　考えても　　　4　いくら

問題3　つぎの文章を読んで、文章全体の内容を考えて、　19　から　23　の中に入る最もよいものを、1・2・3・4から一つえらびなさい。

下の文章は、留学生が書いた作文です。

「ごみの分別」

ナナ

　日本に来て驚いたことはたくさんありますが、ごみの捨て方も　19　の一つです。私の国では、ごみを捨てる場所まで車やトラックで自分たちで運んで捨てます。ごみを捨てる場所は町から少し離れたところにあります。そのごみ捨て場の中で、ゴムや鉄でできた物など一部のものは、捨てる場所が決まっています。　20　そのほかに生活から出るごみは全部、とても大きな穴にまとめて捨てます。紙も生ごみもプラスチックもびんも、全部同じ穴に埋められます。ごみ捨て場は24時間、年中開いているので、　21　。

　日本は私の国とぜんぜん違います。まず、ごみを捨てる場所は町から離れたところではありません。家の近くに捨てる場所があります。　22　、曜日ごとに捨てるものが決まっています。ですから、ごみを捨てるときは、リサイクルできるかどうか、そして、燃えるか燃えないかで　23　。リサイクルできるものはリサイクルして再利用するしくみが整っているのがすばらしいと思いました。最初はちょっと面倒くさいと思うこともありましたが、今はもう慣れて、きちんと分けるようにしています。

1　そのなか　　　　　　　　　　2　あのなか

3　このとき　　　　　　　　　　4　どのとき

20

1　でも　　　　　2　そして　　　　3　とくに　　　　4　なぜなら

21

1　いつでも捨てさせます　　　　　2　何時に捨てたかわかりません

3　いつ捨ててもかまいません　　　4　そのとき捨てられました

22

1　だから　　　　2　また　　　　3　しかし　　　　4　すでに

23

1　分けさせられました　　　　　　2　分けることになっています

3　分けるかもしれません　　　　　4　分けたことがあります

問題4　つぎの(1)から(4)の文章を読んで、質問に答えなさい。答えは、1・2・3・4から最もよいものを一つえらびなさい。

(1)
　カマキリという虫は、大きなカマのような手で、自分より小さい虫をつかまえます。特にオオカマキリの卵はスポンジのように大きく、この中で約200ぴきもの兄弟がいっしょに大きくなります。でも、生まれるとすぐ、1ぴきだけで生活を始めます。カマでつかまえた虫を食べて大きくなりますが、反対にほかの虫に食べられることもめずらしくありません。200ぴきいた兄弟もどんどん少なくなってしまいます。カマキリの生活を見ていると、自然の世界の、食べたり食べられたりする関係がよくわかります。

24 この文章で言っていることと合っているのはどれか。
1　どのカマキリも長く生きる。
2　カマキリの卵はたくさん集まっている。
3　カマキリは生まれたあと、ほかのカマキリと生活する。
4　カマキリが食べられることはない。

(2)

これはネットで注文できる弁当屋の広告である。

お一つでもOK!

予約限定　特製弁当

前日（午前9時30分まで）のご注文でもOK！

ネットで簡単注文

【ステップ1】Webサイトへアクセス　　24時間いつでも受付

【ステップ2】お店で受け取り　　　　　送料・手数料無料

【ステップ3】レジでお支払い　　　　　電子マネーでも可

＊店頭でもご注文をお受けしますので、お気軽にお声かけください。

＊50個以上の場合は、配達についてもご相談ください。

---

25 このサービスについて、合っているものはどれか。

1　インターネットとお店のどちらでも注文できる。

2　一度に1個から50個まで注文できる。

3　受け取る日の前日の、何時でも注文できる。

4　注文したときに代金を支払う。

(3)

　思い出とはふしぎなものだ。私は10歳のとき、父と姉と富士山に登った。8月なのに頂上はとても寒くて雪が降ったこと、そこで飲んだ温かいミルクの味、そして朝に見た雲からのぼる太陽の美しさ…。どれも素晴らしく、今でもはっきり思い出せる。あのとき富士山に登って本当に良かった。

　一方で、記憶にないこともある。父によると、私は長い山道が苦しくて何度も泣いたそうだが、まったくおぼえていない。

　今、私は、富士山にもう一度登りたいとは決して思わない。素晴らしい思い出があるにもかかわらず。だから、父の話もまた本当なのだろうと思う。

26 思い出とはふしぎなものだと私が思うのはなぜか。
1　記憶にないことが、今の気持ちに影響しているから
2　実際は富士山で雪が降らなかったから
3　父の思い出がまちがっているから
4　なにがすばらしい思い出かわからなくなってしまうから

(4)

これは靴屋から客の山田さんへのメールである。

件名：Re：青ポップの在庫について
2020年3月23日　10：32
山田様 このたびは「はじめてシューズ」についてお問い合わせいただきありがとうございます。 申し訳ございませんが、お問い合わせいただいた青ポップ13cmは品切れとなっております。 追加で生産する予定はございません。 青シック13cmか、みどりポップ13cmならございます。 また、4月1日には当社Webサイトにて新商品を発表する予定です。 子ども向けの商品も多数ございますので、そちらもぜひごらんください。

27 このメールでいちばん言いたいことは何か。

1　山田さんに、青ポップ13cmが新しくできるのを待って購入してほしい
2　山田さんに、子ども向けの新商品を発売してほしい
3　山田さんに、青シックとみどりポップ、新商品を比べてどれかを買ってほしい
4　山田さんに、4月1日以降にもう一度問い合わせしてほしい

問題5　つぎの⑴と⑵の文章を読んで、質問に答えなさい。答えは、1・2・3・4から最もよいものを一つえらびなさい。

⑴
　動物が息をするときは、鼻と口から空気を出し入れしている、と思う人も多いかもしれませんが、実は、口からも息ができるのは人間だけです。動物は本当は鼻を使って息をするもので、人間も口を使うより、鼻を使って息をしたほうが、体にいいそうです。

　例えば、鼻の中には空気の汚れをとるフィルターがあって、ごみやウイルスが体の中に入らないようにしています。また、空気が乾いているとウイルスが増えて風邪をひきやすいですが、空気が鼻を通るときに温められるので、ウイルスが増えにくくなります。それに、口から息をするよりも、多くの酸素を吸い込むことができるので、ぐっすり眠ることができるし、体の働きがよくなって、疲れにくくなります。

　歌を歌ったり、スポーツをしたり、話したりすることを仕事にしている人は、口で息をするくせがついてしまうことがありますが、仕事のとき以外は、ぜひ鼻で息をするようにしてください。

28　人間以外の動物は、どのように息をすると言っているか。
　　1　空気を鼻から出し入れする
　　2　空気を鼻と口から出し入れする
　　3　空気を鼻から入れて、口から出す
　　4　空気を口から入れて、鼻から出す

29　鼻で息をすることのいい点の中で、言っていないのはどれか。
　　1　悪い物質が体の中に入らないようにする
　　2　空気の温かさを感じやすくなる
　　3　よく眠ることができる
　　4　疲れにくくなる

30　口で息をするくせがつきやすい人はどの人だと言っているか。
　　1　本をたくさん読む人
　　2　たばこをたくさん吸う人
　　3　料理をたくさん食べる人
　　4　歌をたくさん歌う人

(2)

　私の母は、朝ご飯によくおにぎりを作る。朝ご飯だけでなく、私や父のお弁当にも。でも私はそれを特においしいとは思わないで、毎日食べていた。

　ある朝、母が熱を出した。私は母の代わりに、初めておにぎりを作った。母のおにぎりは毎朝見ていたのに、うまく作れなかった。ご飯の量も、中に入れる具の量もよくわからないし、きれいな形にならない。当然、とてもおいしそうには見えない。①それでも母は「すごくおいしいよ」と言って食べてくれた。「誰かが自分のために作ってくれたおにぎりって本当においしいんだよね、ありがとう。」と。

　その時私は思った。おにぎりは手でにぎって作る。ぎゅっぎゅっとにぎってくれたその人のことを思いながら食べるとき、おにぎりはおいしくなるのではないか、と。母は毎朝、大切な家族のことを思いながら、いくつもいくつもおにぎりをにぎっているのだと気づいてから、私は、②毎朝のおにぎりをとてもおいしいと感じるようになった。

31 ①それでも母は「すごくおいしいよ」と言ってくれたのはなぜか。
　1　毎日母が作るおにぎりとはご飯と具の量が違うから
　2　私が母のことを思って作ったことが母に伝わったから
　3　母は病気で元気がなく、おなかがすいていたから
　4　母がつくるおにぎりのように、きれいにつくれたから

32 ②毎朝のおにぎりをとてもおいしいと感じるようになったとあるが、それはなぜか。
　1　母の代わりに自分で作ったから
　2　母がおいしいと言ってくれたから
　3　母の家族への愛に気付いたから
　4　母の作ったおにぎりは形がとてもきれいだから

33 おにぎりについて、私はどう思っているか。
　1　朝ご飯やお弁当で毎日おにぎりを食べるのは健康によい。
　2　母のようにうまく作れないので好きではない。
　3　おにぎりはおいしいし体に良いので、病気の人に作ってあげるべきだ。
　4　おにぎりを食べるときに、にぎった人の気持ちが感じられる。

読解

問題6　つぎの文章を読んで、質問に答えなさい。答えは、1・2・3・4から最もよいものを一つえらびなさい。

　私は最近、着付け教室に通っている。着付けは着物を着る方法のことだ。なぜ日本人が、日本の伝統的な服を着る方法をわざわざ習うのかと思う人もいるだろう。日本人は昔、毎日着物を着ていたが、今ではほとんど洋服を着るようになった。着物は正月や結婚式などの機会に、ときどき着るだけである。伝統的な日本のものとはいえ、多くの日本人にとって、着物を着るのはかんたんではない。洋服とは形がまったく違うし、ひもを何本も使うこともあるし、とにかくきれいに着るのは難しい。ちゃんと着ないとすぐに形がくずれてしまう。

　しかし、うまく着られたときは本当に気持ちがよい。気持ちがすっきりとし、背中をまっすぐにして歩こうと思う。きつく結んだひもの強さが、心まで強くしてくれるような気がする。伝統的なものというのは、<u>そういう力</u>があるのかもしれない。
　　　　　　　　　　　　　　①

　私はそんな着物を、特別なものではなく日常のものにしたい。着物を着て買い物に行ったり、友達と食事をしたりしたい。そんなふうに着物と多くの時間を過ごすことで、大好きな<u>着物と私</u>の距離が近くなるといいなと思う。そして、着物の力を日常の中でさらに感じられるようになり　　　　②
たいと何よりも強く思う。

　もちろん、もっと多くの人に、着物の良さを知ってもらいたいし、着物を着てほしいとも思う。でも<u>私が着物を着る一番の理由</u>はそこにあるのだ。
　　　　　③

[34] 今の多くの日本人にとって、着物とはどういうものか。
　　1　昔はよく着ていたが、今では教科書でしか見ないもの
　　2　他の人より強くなるために着るもの
　　3　普段の生活の中で着て、出かけたり遊んだりするもの
　　4　特別な行事の時にだけ着るもの

[35] ①そういう力とはどういうものか。
　　1　精神面をささえる力
　　2　長い距離を歩くときに疲れない力
　　3　背中や腰を強くしてくれる力
　　4　ひもがとれないよう強く結ぶ力

36 ②着物と私の距離が近くなるとはどういう意味か。

1　お店に買いに行かなくても家にあるということ

2　普段の生活で着ていても自然に感じられるということ

3　たくさんの着物を買ったりもらったりするということ

4　近いところへは必ず着物を着て出かけるということ

37 ③私が着物を着る一番の理由とは何か。

1　一緒に着物を着る友達をもっと多くしたいと思っているから

2　現代の日本人にもっと着物の良さを知ってほしいと思うから

3　せっかく着付けを勉強しているのに、着なければもったいないから

4　大好きな着物の力を生活の中でもっと感じたいから

問題7　右のページは、ホテルのレジャープランの案内である。これを読んで、下の質問に答えなさい。答えは、1・2・3・4から最もよいものを一つえらびなさい。

38 タイさんとズンさんは、今日17時にホテルに着いた。明日は11時にホテルを出発して帰ろうと思っている。それまでに参加できるプランはどれか。

　　1　AとB

　　2　AとC

　　3　BとC

　　4　CとD

39 石川さんの家族は、今日と明日このホテルに宿泊する。石川さんが奥さん、9歳と4歳の子どもと参加する場合、一番料金が安いプランはどれか。

　　1　A

　　2　B

　　3　C

　　4　D

☆富士山観光ホテル　レジャープラン☆

A のんびりピクニックコース

約5kmのピクニックコースを
景色を楽しみながらゆっくり歩きましょう
※お弁当付き

10時から13時

大人　1500円
子ども（6〜10歳）　1000円
子ども（5歳以下）　500円

B 富士山の石で時計作りコース

火山岩（富士山の石）で
自分だけのすてきな時計を作りましょう
※材料費は含まれます

①9時から90分
②10時半から90分
（お好きな時間をお選びください）

1名2000円

C 夜の富士山と星空観察コース

たくさんの星と夜の富士山を
ゆっくりと眺めましょう
※星空ガイド付き

18時から20時

大人　2000円
子ども（6歳以上）1000円
子ども（5歳以下）無料

D 牧場ふれあい体験コース

牧場で牛や羊、うさぎにさわったり
えさをあげたりしましょう
※馬に乗ることもできます

9時から11時半

大人　1800円
12歳以下半額

★開始時間の30分前までにロビーにお集まりください

N3
聴解
ちょう かい

（40分）

注　意
Notes

1. 試験が始まるまで、この問題用紙を開けないでください。

   Do not open this question booklet until the test begins.

2. この問題用紙を持って帰ることはできません。

   Do not take this question booklet with you after the test.

3. 受験番号と名前を下の欄に、受験票と同じように書いてください。
   じゅけんばんごう　　　　　　　　　らん　　　じゅけんひょう

   Write your examinee registration number and name clearly in each box below as written on your test voucher.

4. この問題用紙は、全部で13ページあります。
   ぜん ぶ

   This question booklet has 13 pages.

5. この問題用紙にメモをとってもいいです。

   You may make notes in this question booklet.

受験番号　Examinee Registration Number	
じゅけんばんごう	

名前　Name	

問題1 🔊 N3_3_02

問題1では、まず質問を聞いてください。それから話を聞いて、問題用紙の1から4の中から、最もよいものを一つえらんでください。

れい 🔊 N3_3_03

1　ケーキ
2　おかし
3　ざっし
4　マンガ

1ばん　🔊 N3_3_04

1　インターネットでかぶきのチケットを買う
2　電話でかぶきのチケットを買う
3　インターネットでセミナーに申し込む
4　電話でセミナーに申し込む

2ばん　🔊 N3_3_05

1　北海道
2　京都
3　東京
4　富士山

3ばん　🔊 N3_3_06

1　190 cm×115 cm
2　150 cm×100 cm
3　190 cm×120 cm
4　150 cm×115 cm

4ばん　🔊 N3_3_07

1　2冊
2　3冊
3　5冊
4　8冊

1　本とDVD
2　本と文房具
3　文房具と掃除の道具
4　本と文房具と掃除の道具

問題2　🔊 N3_3_10

　問題2では、まず質問を聞いてください。そのあと、問題用紙を見てください。読む時間があります。それから話を聞いて、問題用紙の1から4の中から、最もよいものを一つえらんでください。

れい　🔊 N3_3_11

1　日本語を教える仕事
2　日本ぶんかをしょうかいする仕事
3　つうやくの仕事
4　ふくをデザインする仕事

1　5万円

2　10万円

3　15万円

4　20万円

1　メスがミツを集めるときにひつようだから

2　メスがたまごをうむときにひつようだから

3　メスがじぶんのいのちをまもるときにひつようだから

4　オスがじぶんのいのちをまもるときにひつようだから

3ばん　🔊 N3_3_14

1　テーマのかずがふえたこと
2　プラネタリウムができたこと
3　プラネタリウムのせつめいが毎日かわること
4　図書館ができたこと

4ばん　🔊 N3_3_15

1　目を開けたまま、かた足で立つこと
2　目をとじたまま、かた足で立つこと
3　かた足で立ったまま、ボールをなげてとること
4　かた足で立ったまま、かおを右や左にむけること

第3回

聴解

5ばん 🔊 N3_3_16

1 子どもたちが勉強すること
2 子どもたちがともだちをつくること
3 かつどうをいっぱんの人に知ってもらうこと
4 えんそうをいっぱんの人に聞いてもらうこと

6ばん 🔊 N3_3_17

1 家族やともだちにむりょうで電話をすること
2 むずかしい問題をかいけつすること
3 外国語で話すれんしゅうをすること
4 スタッフに話を聞いてもらうこと

問題3 🔊 N3_3_18

　問題3では、問題用紙に何もいんさつされていません。この問題は、ぜんたいとしてどんなないようかを聞く問題です。話の前に質問はありません。まず話を聞いてください。それから、質問とせんたくしを聞いて、1から4の中から、最もよいものを一つえらんでください。

れい　🔊 N3_3_19

1ばん　🔊 N3_3_20

2ばん　🔊 N3_3_21

3ばん　🔊 N3_3_22

－メモ－

問題4では、えを見ながら質問を聞いてください。やじるし（→）の人は何と言いますか。1から3の中から、最もよいものを一つえらんでください。

れい 🔊 N3_3_24

1ばん　 N3_3_25

2ばん　N3_3_26

3ばん  N3_3_27

4ばん N3_3_28

問題5　🔊 N3_3_29

問題5では、問題用紙に何もいんさつされていません。まず文を聞いてください。それから、そのへんじを聞いて、1から3の中から、最もよいものを一つえらんでください。

れい　🔊 N3_3_30

1ばん　🔊 N3_3_31

2ばん　🔊 N3_3_32

3ばん　🔊 N3_3_33

4ばん　🔊 N3_3_34

5ばん　🔊 N3_3_35

6ばん　🔊 N3_3_36

7ばん　🔊 N3_3_37

8ばん　🔊 N3_3_38

9ばん　🔊 N3_3_39

ごうかくもし かいとうようし

N3 げんごちしき(もじ・ごい)

じゅけんばんごう
Examinee Registration Number

なまえ
Name

〈ちゅうい Notes〉

1. くろいえんぴつ (HB、No.2) でかいて
   ください。
   Use a black medium soft (HB or No.2)
   pencil.
   (ペンやボールペンではかかないでくだ
   さい。)
   (Do not use any kind of pen.)

2. かきなおすときは、けしゴムできれい
   にけしてください。
   Erase any unintended marks completely.

3. きたなくしたり、おったりしないでくだ
   さい。
   Do not soil or bend this sheet.

4. マークれい Marking Examples

よいれい Correct Example	わるいれい Incorrect Examples
●	⊘ ◯ ◍ ⊗ ⊙ ⊖ ◑ ⬤

問題1

1	①	②	③	④
2	①	②	③	④
3	①	②	③	④
4	①	②	③	④
5	①	②	③	④
6	①	②	③	④
7	①	②	③	④
8	①	②	③	④

問題2

9	①	②	③	④
10	①	②	③	④
11	①	②	③	④
12	①	②	③	④
13	①	②	③	④
14	①	②	③	④

問題3

15	①	②	③	④
16	①	②	③	④
17	①	②	③	④
18	①	②	③	④
19	①	②	③	④
20	①	②	③	④
21	①	②	③	④
22	①	②	③	④
23	①	②	③	④
24	①	②	③	④
25	①	②	③	④

問題4

26	①	②	③	④
27	①	②	③	④
28	①	②	③	④
29	①	②	③	④
30	①	②	③	④

問題5

31	①	②	③	④
32	①	②	③	④
33	①	②	③	④
34	①	②	③	④
35	①	②	③	④

ごうかくもし かいとうようし

N3 げんごちしき (ぶんぽう)・どっかい

じゅけんばんごう
Examinee Registration Number

なまえ
Name

〈ちゅうい Notes〉

1. 〈ろいえんぴつ (HB、No.2) でかいて
ください。
Use a black medium soft (HB or No.2)
pencil.
(ペンやボールペンではかかないでくだ
さい。)
(Do not use any kind of pen.)

2. かきなおすときは、けしゴムできれい
にけしてください。
Erase any unintended marks completely.

3. きたなくしたり、おったりしないでくだ
さい。
Do not soil or bend this sheet.

4. マークれい Marking Examples

よいれい Correct Example	わるいれい Incorrect Examples
●	⊗ ◯ ◯ ◯ ⊘ ◖ ●

問題 1

1	①	②	③	④
2	①	②	③	④
3	①	②	③	④
4	①	②	③	④
5	①	②	③	④
6	①	②	③	④
7	①	②	③	④
8	①	②	③	④
9	①	②	③	④
10	①	②	③	④
11	①	②	③	④
12	①	②	③	④
13	①	②	③	④

問題 2

14	①	②	③	④
15	①	②	③	④
16	①	②	③	④
17	①	②	③	④
18	①	②	③	④

問題 3

19	①	②	③	④
20	①	②	③	④
21	①	②	③	④
22	①	②	③	④
23	①	②	③	④

問題 4

24	①	②	③	④
25	①	②	③	④
26	①	②	③	④
27	①	②	③	④

問題 5

28	①	②	③	④
29	①	②	③	④
30	①	②	③	④
31	①	②	③	④
32	①	②	③	④
33	①	②	③	④

問題 6

34	①	②	③	④
35	①	②	③	④
36	①	②	③	④
37	①	②	③	④

問題 7

38	①	②	③	④
39	①	②	③	④

ごうかくもし かいとうようし

N3 ちょうかい

じゅけんばんごう
Examinee Registration Number

なまえ
Name

〈ちゅうい Notes〉

1. くろいえんぴつ (HB、No.2) でかいて
ください。
Use a black medium soft (HB or No.2)
pencil.
（ペンやボールペンではかかないでくだ
さい。）
(Do not use any kind of pen.)

2. かきなおすときは、けしゴムできれい
にけしてください。
Erase any unintended marks completely.

3. きたなくしたり、おったりしないでくだ
さい。
Do not soil or bend this sheet.

4. マークれい Marking Examples

よいれい Correct Example	わるいれい Incorrect Examples
●	⊗ ○ ○ ○ ◑ ①

問題1

	①	②	③	④
れい	①	②	●	④
1	①	②	③	④
2	①	②	③	④
3	①	②	③	④
4	①	②	③	④
5	①	②	③	④
6	①	②	③	④

問題2

	①	②	③	④
れい	①	②	●	④
1	①	②	③	④
2	①	②	③	④
3	①	②	③	④
4	①	②	③	④
5	①	②	③	④
6	①	②	③	④

問題3

	①	②	③	④
れい	①	●	③	④
1	①	②	③	④
2	①	②	③	④
3	①	②	③	④

問題4

	①	②	③
れい	①	●	③
1	①	②	③
2	①	②	③
3	①	②	③
4	①	②	③

問題5

	①	②	③
れい	●	②	③
1	①	②	③
2	①	②	③
3	①	②	③
4	①	②	③
5	①	②	③
6	①	②	③
7	①	②	③
8	①	②	③
9	①	②	③